丛书编委会

大家精要
典藏版丛书

简读

李叔同

罗斌冰 著

陕西师范大学出版总社 西安

图书代号　　SK24N1767

图书在版编目(CIP)数据

简读李叔同 / 罗斌冰著 .— 西安：陕西师范大学
出版总社有限公司，2024.9
　（大家精要：典藏版 / 郭齐勇，周晓亮主编）
　ISBN 978-7-5695-4168-7

　Ⅰ.①简… Ⅱ.①罗… Ⅲ.①李叔同（1880-1942）—
人物研究 Ⅳ.① B949.92

中国国家版本馆 CIP 数据核字（2024）第 027553 号

简读李叔同

JIAN DU LI SHUTONG

罗斌冰　著

出 版 人	刘东风
策划编辑	刘　定　陈柳冬雪
责任编辑	王丽敏
责任校对	陈柳冬雪
封面设计	龚心宇　张潇伊
出版发行	陕西师范大学出版总社
	（西安市长安南路 199 号　邮编 710062）
网　　址	http://www.snupg.com
印　　制	深圳市福圣印刷有限公司
开　　本	889 mm×1194 mm　1/32
印　　张	7.25
插　　页	4
字　　数	130 千
版　　次	2024 年 9 月第 1 版
印　　次	2024 年 9 月第 1 次印刷
书　　号	ISBN 978-7-5695-4168-7
定　　价	49.00 元

读者购书、书店添货或发现印装质量问题，请与本公司营销部联系、调换。
电话：（029）85307864　85303629　　传真：（029）85303879

目 录

导　读

　　他是中国新文化运动的先驱，是中国近百年来学术界公认的通才和奇才，他擅书法、工诗词、通丹青、达音律、精金石、善演艺，在多个领域开中华灿烂文化艺术之先河，其品行成就令人高山仰止。

　　他是中国现代书法第一人，把中国古代的书法艺术推向了极致，朴拙圆满，浑然天成。

　　他是中国话剧第一人，在话剧的布景设计、化妆、服装、道具、灯光等许多艺术方面，更是起到了开风气之先的启蒙作用。

　　他是中国裸体写生教学第一人，最早将西洋绘画思想引进到中国，是中国广告画、中国油画和木刻的先驱者。

他是中国用五线谱作曲第一人，是作词、作曲的大家，也是中国最早从事乐歌创作取得丰硕成果并有深远影响的人。

他的篆刻独树一帜，至今仍为诸多学习者膜拜。他"二十文章惊海内"，他的诗词对联在中国文学史上自成一格。他的各类作品很多风靡至今，成为经久不衰的传世之作。

他还是杰出的教育家，培养出了丰子恺、潘天寿、刘质平、吴梦非等一批负有盛名的艺术大家。

他就是李叔同，但最后他却叫弘一法师，是真正能将绚丽至极归于平淡的典型人物。自出家始，苦心向佛，过午不食，精研律学，二十六年只一领衲衣，青灰相间，补丁二百二十四处，被后代佛门弟子奉为律宗第十一代世祖。他潜心修为，并把他的学佛心得整理、修订，以大才子、大学者与大艺术家的俗世修为向世人揭示佛门的真谛。他的讲演稿与辑录的处世格言，被梁实秋、林语堂等文化巨擘评价为"一字千金，值得所有人慢慢阅读、体味，用一生的时间慢慢领悟"。

如此华美人生，却是如此平静佛心，超然物外。李叔同，我们永恒的弘一大师，把一生修为的盛德淡然在菩提树下。我们可以看见弘一大师涅槃相：大慈悲，自在菩萨。

第1章

翩翩少年成长路

家有贤达义善父

桐达李家

李叔同，又名李息霜、李岸、李良，谱名文涛，幼名成蹊，学名广侯，字息霜，别号漱筒；后剃度为僧，法名演音，号弘一，晚号晚晴老人。清光绪六年农历九月二十日（1880年10月23日）辰时生于天津"桐达李家"。

李叔同祖父李悦原籍为浙江嘉兴平湖，寄籍天津，经营盐业与银钱业，到李叔同父亲李世珍时期，家族富裕有余。李世珍晚年离官经商后，李家更是有大兴盐店、钱铺等，"桐达"便是李家十分有名的钱铺之一。时人与后人便以"桐达李家"称谓李世珍家族。

李世珍，字筱楼，三十二岁中举人，五十三岁与李鸿章同科中进士，两人友谊非比寻常，以至于其殁时，时任直隶总督和北洋通商事务大臣的李鸿章亲临主丧。"桐达李家"在筱楼公主持下，鼎盛倾城。

筱楼公仕途虽晚，但颇尽人意，曾主事吏部，达吏部尚书之职。筱楼公自幼善读圣贤之书，又教过私塾，一直以来便谨以达济之心，期冀成为一代贤达名臣。但是，当时清廷刚刚平息太平天国运动，各方势力倾轧争斗，以曾国藩、李鸿章、左宗棠等为首的中兴名臣之争，再加以守旧势力的僚斗，筱楼公只能在权力之中独善其身。最终，筱楼公选择了辞官还乡，经营家族商业。

筱楼公虽不在官位，但毕竟是进士出身，再加上在籍主事的身份，不仅直接帮助了他的盐商生涯，更使其在家乡获得了巨大的威望，不久，筱楼公便富甲津门。

不能为官达济天下，那么独善其身亦能广慈世人。这是中国历来真正读书人的心思，同样也是筱楼公一生的愿望。因此，筱楼公的晚年除了经商，主要精力便放在了慈善事业上。他设义塾，广泛育人，并设创"备济社"专事抚恤贫寒孤寡，施舍衣食棺木。每到秋末冬初，他便派人到附近各乡村了解贫苦人家情形。筱楼公采取票据支付法，先付票据，年关时凭票按人口多寡酌情施舍衣食，使得大量贫寒者得以生计。筱楼公还设有存育所，每年冬季收养来往乞丐，使他们不挨饥受冻。这样的善义施为，每年都要斥资千万，而筱楼公却从不吝啬。适时，津人皆颂筱楼公为李善人。

当李叔同出家成为弘一法师后，他回忆幼年时这样说道："年幼无知，事不足言。唯我父乐善好施之行，颇堪风世励俗，差足传述，而与余幼年之生活，亦有密切之关系也。"叔同幼时，必置一小碟姜，便是效仿筱楼公不撤姜食之义。

老年得子

然而作为一方大善人的筱楼公依然有所不足。偌大的李家，功成名就，却是子嗣单薄。筱楼公本已是单传，他的长子文锦未及中年便告早逝，次子文熙又多病。于香火之虑，筱楼公再娶李叔同生母王氏。

或者是大善必有大福泽。民间相传，农历九月十九为观音菩萨的诞辰。1880年农历九月二十日，观音菩萨诞辰次日辰时，李叔同降生在李家老宅。时值筱楼公六十八岁，王氏十九岁。后来据李叔同回忆，若其长兄于世，便要长其近五十岁。

海河是中国华北地区主要的大河之一，地跨北京、天津、河北、山西、山东、河南、辽宁、内蒙古八省市，由北运河、永定河、大清河、子牙河、南运河五条河流自北、西、南三面汇流至天津而聚。李家老宅——海河东岸的地藏庵前陆家胡同二号，便在离三岔河与北运河的交汇处不远，是一所坐北朝南的老式三合院，庭院深深，梅影斜疏。李叔同诞生于此的时候，尽管冬至萧然，筱楼公却大感慰藉。老年得子，善莫大焉矣。筱楼公给幼子取名成蹊，字叔同，昵唤三郎。而正是这个晚年所得的幼子，日后会以其艺术上的卓越天赋和成就震惊世人，却又在风华盛年皈依三宝，成为世人景仰的一代佛门龙象。

李叔同诞生日，不少捕者拿着鱼虾踵门央求筱楼公购买放生，当时情形如同鱼虾集市，多至拥挤，水流成渠。筱楼公尽数买下放生，同时还放鸟甚多。李叔同诞生时，恰逢喜鹊落庭，衔来松枝。此松枝始终被视为佛赐善根，传言李叔同终身携带在身边。当然至叔同大慈善为弘一法师圆寂时，帐前挂枝不过为一普通龙眼树枝，但此间民意往善从善之说大快人心，是善之大福泽的一个公案。筱楼公生前，每逢叔同生日，必大举放生。

李叔同三四岁时，筱楼公购买了一处更为宽敞的宅第，位于老宅后墙的山西会馆南路西大门（今粮店后街60号）。

这是一座方方正正的"田"字形中式传统大府宅，共有四个院落四十余间房。正房在西侧，东边临街的正门门楣上挂着一块醒目的"进士第"匾额，过道里则悬着一块"文元"的横匾，气派非凡。依照当时富贵人家流行的时尚，院落中央还依西洋建筑的式样建了一座小洋房。小洋房的边上，用竹篱围成一个小花园，取名"意园"。

李叔同的童年岁月，最初是甜蜜和惬意的。在《忆儿时》这首歌里，他写下了对童年的印象：

> 春去秋来，岁月如流，游子伤漂泊。
>
> 回忆儿时，家居嬉戏，光景宛如昨。
>
> 茅屋三椽，老梅一树，树底迷藏捉。
>
> 高枝啼鸟，小川游鱼，曾把闲情托。
>
> 儿时欢乐，斯乐不可作，
>
> 儿时欢乐，斯乐不可作。

亲近佛法

筱楼公素习儒家性理，尤精于阳明之学。其饮食起居，都以《论语·乡党》篇作为准则，从不违反，至筱楼公殁后数年，李家家规家风依然，无人违之。有一次，李叔同坐在桌前吃饭，桌椅摆放有些偏斜，王氏即刻教训道："席不正不坐。"这种从小培养的严谨的行为规范，对李叔同后来做人做事皆十分认真是至关重要的。丰子恺曾这样评价:"由翩翩公子一变而为留学生,又变而为教师,三变而为道人,四变而为和尚。每做一种人,都做得十分像样。"

随着年岁向暮,筱楼公对生命与世间之无常感受日深,于是便渐渐痴心于佛教,喜读内典而尤好禅宗。举家新迁后不久,筱楼公便因患痼病久治难愈而自知不起,连日延请高僧诵经念佛,一心静聆梵音,不再以世事为念,连一向挂记疼爱的叔同也难得见上一面。在木鱼瓦磬相伴的诵念声中,筱楼公平静地走完了他生命的最后一程。约五十年后,李叔同回想起父亲时还清楚地记得当时的情景:舍报之时,安详迁化,如入正定,盖亦季世所稀有矣!

坦然面对生死,这是李叔同已经成为弘一法师后的彻悟。虽然直至叔同三十九岁出家之前,他对于宗教并没有多少深入的了解,但宗教在他早年的生活里,却始终潜移默化地影响着他。1932年夏,为纪念父亲筱楼公一百二十周年诞辰,弘一法师曾书写筱楼公遗作二联赠学生刘质平:事能知足心常惬,人到无求品自高。今日方知心是佛,前生安见我非僧。

筱楼公殁后,灵柩停宅七日,每日延僧诵经,并行"焰口"之仪。李叔同当时不过五岁,刚习书法临帖颜、柳,尚不能真切领会死亡的意味,但焰口施食的法事却给他留下难以磨灭的印象。那时的叔同不知什么是冥界，也不能完全明白生与死的意义。而面对闪动的烛火、游走的青烟，还有众僧的吟诵伴随着铃镲钟鼓，小小叔同的悲哀之心渐渐被对宗教的神秘好奇感所取代。这是一种说不清、道不明的力量，洒向天空的净水、父亲临终的脸，仿佛是注定的因缘要牵引他，以至于此后的很多年里，他爱上了一种僧人作法事的游戏。叔同带着他的子侄及小伙伴们乐此不疲地玩着同一种游戏，他做的便是大和尚。

由于筱楼公的缘故，李家一直保持着信佛、供佛、亲近佛法的习惯，家中时常会请僧人来诵经念佛，拜忏祈禳。李叔同生母的女仆与叔同最为亲近，她带他上街游耍时，经常顺便带他到附近的一座地藏庵里去看僧人们的种种法事。叔同八九岁时，到普陀山出家的王孝廉返居天津的无量庵后，叔同早寡的大侄媳（即长兄文锦的儿媳）常从之学"往生咒""大悲咒"等通行的佛教秘咒，叔同也时常跟着在一旁听习，不久即能背诵。

李叔同好奇的还有僧侣的服饰、神情和行为举止。他们须发俱净，神色肃穆，着宽松的僧衣和拈着神秘的念珠诵经时，盘腿而坐，闭目轻语，其中还间杂着木鱼与瓦磬的敲击，诵文时节奏缓稳，单调却安适悠扬。叔同虽不能理解经文的意义与功用，却被那怪异而神秘的音节所深深吸引。清苦寂寞的僧侣生活在此时的李叔同眼里，充满了难以言说的趣味。日后在西湖边的寺院里，叔同一见到出家人的生活便生欢喜，其中或许也隐藏着儿时记忆的苏醒。

唯母是慈兄当父

挚爱慈母

李叔同生母王凤玲，1860年生，原是丫鬟，1879年被筱楼公收为三姨太，1880年生下李叔同。

王夫人识文断字，略通诗词。她和筱楼公一样笃信佛教，在叔同少年成长的路上，把所有的慈爱给予了叔同，还有李家。

筱楼公仙逝后，李叔同母子因诸多原因受到大家庭排挤而变得沉默寡言，但王夫人仍以谨学礼仪教化叔同，并教他名诗格言。自叔同六岁开始，王夫人遵叔同二哥文熙之意，共同教化其各种家规。自此，叔同逐渐懂得爱粮惜福。

李叔同少年时期因诸多因素而有些异端地特立独行，但他只唯母命是从。十八岁时，叔同奉母命与天津卫芥园俞家茶庄的茶商之女俞氏成婚。十九岁时，因支持"戊戌变法"被疑康梁之党，奉母命携家眷南迁上海。其间，叔同风流曲艺、潇洒酒妓、广结名士、大兴新学、名作风行，王夫人则三从四德，鞠躬尽瘁。

1905年农历二月，李叔同已经在上海展露才情风华的时候，王夫人逝世，年仅四十五岁，那是李叔同一生的最大悲哀。李叔同后来言，母亲病危在床上的时候，他独自一人外出买棺材，回来的时候，已经不能和母亲作最后的诀别了。

对李叔同来说，母亲去世的哀痛远甚于父亲筱楼公的辞世。他本在缺少父爱的阴影下长大成人，大家庭表面的热闹无法消除他内心深处的孤独。在叔同的成长岁月里，他潜意识地认为他和母亲相依为命，能与他一同分担这种孤独感的只有自己的母亲。叔同一直认为母亲的一生是凄苦的，妾身早寡又受到家族排挤。若干年后，李叔同回想起母亲，依然哽咽地说："我的母亲——生母，很苦。"

李叔同悲痛欲绝中亲扶灵柩从上海回到天津，他要自己的母亲堂堂正正地在李家得到应有的地位和名誉。但是李家家族中有举丧时外戚不得入堂室的规矩，李叔同与二哥文熙大闹一场后，才争取把王夫人的灵柩安放在李家大院接官厅正中央。慈母去也，李叔同痛苦、绝望、凄楚、悲哀。他埋掉了李文涛，刷去了李成蹊的别号，更名李哀，字哀公，并破除旧习，举行新式追悼会，在母亲的葬礼上弹奏钢琴，长歌当哭。

　　松柏兮翠蕤，凉风生德闱。母胡弃儿辈，长逝
竟不归？

　　儿寒谁复恤，儿饥谁复思？哀哀复哀哀，魂兮
归乎来。

——《哀辞》

　　李叔同于 1918 年农历二月二十五日皈依三宝，同年七月十三日正式剃度落发。他在《我在西湖出家的经过》一文中说："二月初那天是我母亲的忌日，于是我就先于两天以前到虎跑去，在那边诵了三天的《地藏经》，为我的母亲回向。"他还在此前作了歌曲《梦》，以表达对母亲深深的爱和悼念。

　　哀游子茕茕其无依兮，在天之涯。

　　惟长夜漫漫而独寐兮，

　　时恍惚以魂驰。

　　梦偃卧摇篮以啼笑兮，似婴儿时。

　　母食我甘酪与粉饵兮，

　　父衣我以彩衣。

　　月落乌啼，梦影依稀，

　　往事知不知？

　　泪半生哀乐之长逝兮，

感亲之恩其永垂。

哀游子怆怆而自怜兮，吊形影悲。

惟长夜漫漫而独寐兮，

时恍惚以魂驰。

梦挥泪出门辞父母兮，叹生别离。

父语我眠食宜珍重兮，

母语我以早归。

月落乌啼，梦影依稀，

往事知不知？

汩半生哀乐之长逝兮，

感亲之恩其永垂。

母亲的去世所带来的巨大伤痛被深深隐藏在内心深处，李叔同似乎再也不愿意去触及它。除了类似的几首哀歌之外，母亲这一主题从此没在他的作品里出现过。

至亲父走，至爱母去。此后，李叔同了然了所有的牵挂羁绊，东渡游学去了日本。

兄长当父

李叔同二哥文熙，字桐冈，是筱楼公侧室所生之子，中过秀才。李文熙自幼体弱，于医于药时有接触，对于医道渐生兴趣，三十岁后正式习医。他在医学方面颇有天赋，用力又勤，不久之后，医术便渐有名声。后来李家家道中落，钱庄盐铺皆难以为继之时，文熙便索性转业从医，成了一名地地道道的中医。据说他年过半百的时候，还曾拜一位青年为师学习西医，试图贯通中西医术，甚至于还特地为此学过英语和拉丁语。

对于李叔同而言，这位比他年长十二岁、克己谨学平时不苟言笑的二哥，与其说是一位兄长，倒不如说是一位古板严谨的长辈，是他童年至青年成长时期真正的监护人。文熙尊筱楼公之遗愿接管李家，俨然父风作为，广慈达善亦持续家规家风。在叔同五六岁时，便令王夫人配合以家学教化之。学习书法，读《三字经》《百家姓》等启蒙书，后习《百孝图》《返性篇》《玉历钞传》《格言联璧》等孝悌伦常和处世格言，不久又让他开始攻读昭明太子的《文选》。叔同很快即能琅琅成诵，在记忆力和理解力方面表现出优异的禀赋。叔同八九岁时，文熙请常云庄来家设馆教学，学《毛诗》《唐诗》《千家诗》等，叔同日诵五百而过目不忘。后又随常云庄习"四书""五经"及《古文观止》等，进步迅飞，常云庄对他倍加赞赏。叔同十三岁习训诂，读《尔雅》《说文解字》，十五岁后兼习史籍，读《史记》《汉书》及《左传》等。学习过程里，书法摹《宣王猎碣》等，每天写五百余字。叔同热衷碑学，临写《张猛龙碑》《张迁碑》《龙门二十品》等，余时请教筱楼公故交唐静岩学习篆刻。经过几年的家馆教育，叔同在经史文学方面及多项艺术领域已打下了坚实的基础。

李家门风一向素严，到李文熙掌门后亦是谨遵门风，平日起居间皆遵行儒门礼法。这种教化方式尽管十分注重道德修养，但却过于教条化，多是让孩子们诵习古训成规，教育的方式显得生硬而刻板。这对艺术天赋极高的李叔同而言，活泼好动的天性不免受到一些压抑，而压抑又会在无形之中产生抵触和叛逆的情绪。

李家家世盛大，因种种缘由李叔同母子在李家颇受排挤，故叔同从小对人世炎凉便有深刻体会。乳母刘氏能背诵《名贤集》，在叔同八九岁时便教他习诵"高头大马万金两，不是亲来强求亲。一朝马死黄金尽，亲者如同陌路人""人贫志短，马瘦毛长"等句。就在这似懂非懂的诵习中，人世间的景象渐渐在叔同周围敞开来，他十五岁的时候，已在天津文坛文才初露。广为流传的"人生犹似西山月，富贵终如草上霜"等句，便是那时所为。

李文熙尽管也熟读圣贤书，为人处世颇具父风，但他没有筱楼公人事沉浮的经历和对佛学的笃信、对禅宗的参悟、对民生的大善济达以及对修为的执着，加之文熙的成长环境本是富贵荣华，他又期冀达成父亲的修为，所以他有些急功近利地待人接物。筱楼公在世时，不仅时常相往于显达名士，对贫穷苦难之人也是谦和有礼。这些不是年轻的文熙能历练和领悟的，所以他的礼貌动辄随人之贵贱而异。叔同那时不过十来岁，便心殊不平，常常与文熙反其道而行，遇贫贱者敬之，富贵者轻之。叔同性喜养猫，并养了数十只，平日里的不平之心，便显得更加明显，往往敬猫如敬人。这种行为虽然在当时被人说是疯癫，但叔同却毫不在意。即使后来到东京游学，还专门给家中发过一通电文，问候那些猫儿是否安好。

对于李叔同的这些违逆行为，李文熙只能看在眼里。他不是不想改变叔同，但他确实也无能为力，照顾好幼弟，这是手足情深的责任，也是父亲筱楼公的临终托付，李文熙为此确实尽到了做兄长的职责。在他的监护和照料下，李叔同受到了良好的传统教育，艺术方面的深厚素养与广泛兴趣也在这个阶段培养起来。

母丧悲戚

1898 年，以康有为、梁启超等为首促成光绪皇帝发动的戊戌变法，尽管仅一百零三天就宣告失败，但维新的思想却影响深远，不少有志之士的民族意识被激发，即连十九岁的李叔同也深感"老大中华，非变法无以图存"，极力拥护康梁主张，支持变法大业，并为变法图强而欢欣鼓舞。变法失败后，叔同不满时局愚昧昏暗，大张旗鼓刻印"南海康梁是吾师"以示对维新的支持。

戊戌变法失败后，当政者对变法的所有支持者全面追捕和扼杀。李叔同虽未曾与康梁谋面结识，却是大力而张扬地维护，这使得他名正言顺地成为康梁变法的同谋。于是李文熙和王夫人商量，让叔同避祸离开天津。1898年的十月间，李叔同奉母携妻，举家南迁上海。

李叔同与俞氏成婚时，李家为李叔同大办婚事，李文熙又从家产中拨出三十万元供其家用。这为叔同日后迁居上海、游学日本等打下了良好的经济基础。

本是避祸的李叔同一进入上海，上海的新思潮和新学的蓬勃生机便让他倍感喜悦。不久后李叔同的才华就崭露头角，很快便成为上海文化艺术界的风云人物。

1900年下半年，八国联军共犯北京，天津作为京城的门户，成为这场浩劫中遭受血火洗劫最为惨烈的城市之一。乡愁离恨交织着家国之忧，次年春，李叔同奉母命踏上了北回天津的路途。即将回到故里的叔同内心充满了忐忑，那个他出生成长的地方，那个诗话歌咏、抚琴挥毫的地方在战火洗劫中将会是怎番模样？临行前，李叔同作《南浦月》：

杨柳无情，丝丝化作愁千缕。

惺忪如许，萦起心头绪。

谁道销魂，尽是无凭据。

离亭外，一帆风雨，只有人归去。

李叔同沿途所见已是苍凉，回到天津后又逢二哥文熙带家人避难于河南内黄县，叔同的内心更是悲戚。他原拟在天津小憩数日后便赶赴河南访兄，但因乱世，沿途中多有贼寇，十分危险，只好作罢。之前因文熙对王夫人敬而不亲的疏冷，以及颇为势利的习气，他虽对文熙不能产生手足的亲切感，还常常表现出一些令文熙头痛的行为，但文熙确实对他本人极尽兄长情意，所以，叔同是心存感激并在内心深处亲近文熙的。此次北行，兄弟二人虽是未能谋面，但两年的离别似乎让兄弟二人在情感上贴近了许多。

李叔同母亲王夫人病逝后，李文熙执意坚持"外丧不入门"的旧制，不同意王夫人灵柩进家。原本已经缓和的兄弟情义，在这个时候却变得水火不容，兄弟两人为此发生口角，各自坚持并大动肝火。虽然最后在家族亲戚的劝和下，王夫人的灵柩停放在了李家大宅内，但叔同随后却以一种彻底的方式发泄丧母的悲哀和对李文熙的不满以及对旧式传统的反抗。

李叔同决定一反旧礼举办新式葬礼，他在为告知亲友而拟的《哀启》中这样说道："我国丧仪繁文缛节，俚俗已甚，李叔同君广平，愿力祛其旧，爰与同人商酌，据东西各国追悼会之例，略为变通。"启文中还明告亲友，免收一切致丧礼物，免除吊唁旧仪，代之以鞠躬礼。丧仪的过程依照西方追悼会的形式，分为致哀辞、唱哀歌、献花、行鞠躬礼等几个步骤，一切旧式的繁文缛节尽相解除，家人的丧服也一改传统的披麻戴孝而用黑色礼服，演唱哀歌时，由他本人亲自弹奏钢琴。

这一举措，开国人丧礼新形式之先河，在社会上引起不小的轰动。天津《大公报》为此特别作系列报道，并刊发了《西国丧服制考》，为这桩移风易俗的创举扩大声势。据该报记载，李母追悼会上收挽联哀辞共二百多首，到会致哀的中外来宾凡四百余人，多为天津各界的显要名流，除师友亲朋之外，还包括多名外国驻华使节及天津各大学堂的校长等。

随后不久，李叔同在天津安置好妻儿，便去了日本。

贯学博才少年时

应试科举

1895 年，十六岁的李叔同完成家馆学习后，进入天津城西北文昌宫侧的辅仁书院学习八股制艺，当时便以才华横溢而闻名。

就李叔同的性情而言，他对八股时文之类本无兴趣，但对于出身进士之门的他来说，父亲的功名既是一种荣光，也是一种压力和义务。千年以来的"学而优则仕"似乎才是传统读书人的正道，才能宏达志愿、光耀门楣。叔同知道母亲和二哥对他的期望，文熙要掌管家业主事家族兴旺，而以他名满津门的才华，他也就理所应当通过科举博得光明仕途。

李叔同从小博览古籍经典，他和很多读书人一样心中有种明明德而达济天下的理想，这在他日后的许多作为中包括一些诗文里都可以看到，更包括他出家成为弘一法师后关于"爱国"和"念佛"的诸多言论和行为。所以从另一方面来看，叔同学习八股文和日后多次的乡试应考也是他自觉自愿的。

辅仁书院的性质近似于官办的地方学府，以准备考课为主。每月考课两次，分别由官方和掌教命题评阅，成绩优异者，依等级发予奖银以督其学。以李叔同的资质和从小养成的做事必认真的性格，他很快便成为学生中的佼佼者。书院考课的时候，所发试卷每人一份，均已印好方格。时文的写作有着严谨的格式，文字必须写于方格之内，要求书写齐整干净。作文之时，李叔同每感思如泉涌，尺寸之间书难尽意，便常常一格之中，夹写两字。由是此因，同学间常称之为"李双行"。

李叔同成婚后，曾以童生身份在天津参加县学（地级官方学府）科试，应试的学名为李文涛。依制，凡未正式入县学的人，无论年纪大小皆称童生，只有进入县学学习才能取得科举晋身的资格。能过县学科试者即称生员，俗称秀才。叔同进入辅仁书院即是为县学的入学科试作准备。县学科试分初试与复试，考试的内容以儒学为主，兼及策问。在策问《论废八股兴学论》的叙述中，叔同写道：

> 昔时八股之兴，以其阐发圣贤之义理，可以使人共明孝悌之大原。至今时则以词藻为先，以声调为尚，于圣贤之义理毫无关系。胸无名理，出而治兵所以无一谋。是此革旧章，变新制，国家又乌能振乎？虽然，新制者何？亦在于通达时务而已。时务莫要于策论。策论者何？亦策论夫天文地理机汽算学而已。允若兹，则策谕兴而八股废，将文教于以修，则武教亦于以备。

这样的行文尽管洋洋洒洒，却也表达了李叔同对八股文只为应试的陈旧空乏的不满，科试的结果可想而知。次年春，他同样留下了两篇议论时政的文字。一篇为《行己有耻使于四方不辱君命论》，借题发挥痛斥朝廷里的不学无术之辈误国辱君。这篇较之前的作文，行文酣畅淋漓，笔力已多雄劲之气：

> 然而我中国之大臣，其少也不读一书，不知一物，以受搜检。抱八股八韵，谓极宇宙之文；守高头讲章，谓穷天人之奥，是其在家时已忝然无耻也。即其仕也，不学军旅而敢于掌兵；不谙会计而敢于理财；不习法律则敢于司李。瞽聋跛疾，老而不死；年逾耋颐，犹恋栈豆。接见西官，栗栗变色，听言若闻雷，睹颜若谈虎……

叔同的另一篇《乾始能以美利利天下论》，详论兴矿强国之策，建议由各省绅商公议成立矿学会，资助士子出洋留学矿务，并提出了颇有见地的举措：一是习矿师，遣士留学，培养自己的矿业人才；二是集商本，发行股票，诚募民间资金；三是弭事端，严督矿务管理；四是征税科，因时因地随宜立法征税，以酌盈剂虚。他明确指出"事之济否，首在得人"，强调人才是最重要的因素。他在结文处写道：

> 盖以士为四民之首，人之所以待士者重，则士之所以自待者益不可轻。士习端而后乡党视为仪型，风俗由之表率。务令以孝悌为本，才能为末；器识为先，文艺为后。

不知道是李叔同的文思过于超前了，还是故步自封的考官们有意阻挡，以他少年便有如此才华和见识，但依然名落孙山。

其实李叔同在十岁左右便已经参加过童生应试，现在天津大悲禅院里便保留有他当时参加天津县童生试的两份科举试卷。这两份试卷是 1964 年叔同学生林子青撰写《李叔同年谱序言》时，叔同的侄子李圣章送给他做研究之用的。后来大悲禅院建李叔同纪念馆，林子青又通过李叔同孙女李莉娟捐赠给大悲禅院，一直珍藏至今。

1902 年秋天和 1903 年秋天，李叔同在上海期间分别前往杭州和开封参加科举考试。最终依然未果。

李叔同的这两次应试，有他依然希望图强民生、光耀家族的志向，但他始终徒有大抱负而不懂通俗时务之变通。不管这两次科试是因为什么原因而未能如愿，科试的结果对他未能进入仕途的影响并不大。李叔同是不懂政治亦不参与政治的人，他的维新变法理念仅是一个读书人的理想，或者说是他从小以来效学父亲善为天下和其成长过程里效学千古明贤的理想，更或说是生于斯长于斯的爱国心肠使然。他所醉心的始终是他的艺术，或者说在这时以及将来的爱国行为里，他所能表现出的也是在艺术上的行为。

博学自勤

李叔同似乎就是为艺术而生的,他的童年至少年时期国学功底坚实而渊博,并在艺术的各领域中表现出超于同龄人的天赋。最为关键的是,他拥有的不仅是天赋,他的广学自勤也非一般同龄人可以比拟。

李叔同还在辅仁书院学习八股时,就开始留意新学,并学习算术和外语等西方教育内容。叔同二嫂姚氏的娘家(**也是天津富商**)也设有家馆,并聘请了当时的津门宿学赵幼梅为西席。1896 年下半年开始,叔同便时常到姚家向赵幼梅请学诗词之艺。叔同的诗文素养本是深厚,此时又得名师指授,诗意词境日臻融会贯通。他的诗中尤喜摩诘空谷足音,而词中却好东坡大江拍岸。所以他日后之诗文词赋,或清雅纯净,或狂放雄毅,风格迥然,皆见其国学功力,也见其性情。

中华之笔墨起源长久,凡读书之人皆握毫管问文字。因而,李叔同四五岁时便开始学习书法,临摹柳、颜,现世存其最早的一件便是他十一岁时所书写之柳公权《玄秘塔》扇面,英挺稳健而颇见功力,在儿童习作中实属罕见。除柳公权外,叔同于明、清之楷书名家也曾极力临习。他闲时必习小楷,摹刘世安所临文徵明《心经》甚久。从常云庄受习训诂时，他又对篆书产生了浓厚的兴趣，反复临摹过《宣王猎碣》等篆书名帖。叔同九岁时便向书印大家唐静岩学习篆刻，十九岁时再拜其专攻篆书、金石印刻等。在唐静岩的指点下，叔同更凝心苦习《张猛龙碑》《张迁碑》《张黑女碑》《爨宝子碑》《龙门二十品》等碑帖。他非常喜欢唐静岩本人的字，特请其用钟鼎、篆、隶等体手书范字一册，亲为表帧，封面用篆书自题《唐静岩司马真迹》一名，署名"当湖李成蹊"。叔同学习之勤奋之广泛，学一派似一派，临一家似一家，为其日后自成一家的书法风格奠定了坚实的基础。

相对于诗文书法，李叔同接触金石印刻的时间要晚一些，正式学习是在师从唐静岩之后开始。在现存他与徐耀庭的通信中，有多次请教印刻的内容。从这些信件来看，十六七岁的李叔同不仅已经开始讲究印石的质地品形，还能仿镌篆书、隶书。

除此之外，受津门金石考古和碑版鉴定之风的熏染，李叔同青少年时亦喜爱收藏和品鉴古器名珍。天津城内藏家不少，他也于坊间结识了其中的一些人，如王襄、李子明、李仲可等，彼此常在一起赏玩品鉴，既开阔了眼界，又增长了见识。叔同曾自费印行《甘林小辑》一册，内收瓦当拓片、铜器古币等图片，并附题咏，共有二十余页。只是可惜此册已经不复存在了。

李叔同早年涉猎过的另一重要艺术门类是绘画，尽管有关这方面留存的记载不多，学画的时间与师承都已无从细考。但从他后来游学东瀛所选的专业来看，他对于绘画必然是极为喜爱和重视的。他的存世画作中以赠徐耀庭的"八破"（因画八种破旧物品故名）扇面为最早，扇面题款志云"乙未叔同摹于意园"。由此可知，李叔同最晚在十五岁时已开始学画了。

津门一地，梨园优班，素来兴盛。李叔同家附近的山西会馆之内便设有"春秋楼"的戏台，平日常有戏曲演出。而像李家这样的富宅豪门，每至喜庆之日，揽伶搭台，也很平常。耳濡目染中，叔同从小就对戏曲产生了极大兴趣。短短一出戏，人生际遇、悲欢离合、英雄情长等等，足以引人入胜。以是唱来，珠词丽藻，婉婉清音，而对声色之美尤其敏感的李叔同，更是不能自拔。他在自家习演，在戏楼客串，逐渐成为茶馆戏楼的常客。除了和我国最早的京剧名伶杨翠喜成为知音，他还与京津一带的京剧名角如孙菊仙、杨小楼、刘永奎等辈交好，并用心跟着这些梨园艺士学过戏。日后叔同能在上海以票友身份客串演出颇有难度的武生戏，便可见早年于此是真正下过苦功的。同样，他的这段少年经历，也为他日后成为中国早期话剧艺术极为重要的先行探索者和推介传播人提供了丰富的经验。

良师益友

凡此种种，只要是像李叔同这样一个富家子弟所能接触到的一切风雅之艺，无一不让他产生兴趣。而凡是让他产生兴趣的，他又无一不想作深入的了解和学习。李叔同艺术上的天分本自极高，其处世行事又素来认真，凡是自己想学的，绝不会浅尝辄止，半途而废。

兴趣的广泛并未成为李叔同在这些领域深入堂奥的障碍，反而成为他钻研各类艺术的养分，参考互补，并融会贯通。几年下来，步入青年时代的李叔同已是一个诗词书画、印文碑帖、古玩戏曲无一不通的风雅才子了。他的多才多艺，常令身边的朋友惊叹不已。小小年纪就与社会有学之士交往极深，有的甚至引为知音。

徐耀庭，亦名药廷、月亭，通书画、篆刻，早年为李叔同家的账房先生。叔同称其为"耀庭五哥"，少年时期常与之通信，时赠书画等。李叔同早年遗墨多数便出自徐家。

唐静岩，名毓厚，别号"湖陵山樵"，精于岐黄之术，兼通医道。其书法由唐而入秦汉六朝，遍习博涉，自成一格。他画工山水且刻艺极精，深得秦汉之韵。叔同师从之而与之亦师亦友，故在与之信中有时也以兄相称。唐静岩可以说是叔同早年书法印艺方面最为重要的启蒙老师。

赵元礼，字体仁，又字幼梅，号藏斋，与华世奎、孟广慧、严修并称"津门四大书家"，是天津第一任红十字会会长，不仅善书、能诗、精于词曲，尤其乐于奖掖后学，培育英才。这也对叔同日后的教学育人起到了积极的影响。叔同出家后，分别在1918年、1937年写字相赠，皆款题"幼梅旧师"。

这一时期的李叔同交游甚广，除唐静岩、赵幼梅等，还有姚彤章、姚彤诰昆仲，李绍莲、李石曾等名士；津门名流如书法家孟广慧、华世奎；画家马家桐、李采蘩、徐士珍；教育家严修、周啸麟；金石家王襄、王钊；诗人王吟笙、王仁安；等等。他们与李叔同或结为忘年，或引为知音。

第2章

破碎河山谁收拾

二十文章惊海内

天涯五友

李叔同奉母命离开天津而选择上海的理由很简单，李家的钱庄在上海设有分号，他和家眷之生活可以比较方便。更为重要的是，按当时整个中国的国情，上海是他可以找到的最能让他感受到自由的地方，也是他想象中新学最鼎盛的地方，并可以发挥他才华和志向的地方。

果然，上海是一片新气象，那里的自由空气让李叔同颇有龙在阔海的快感。凭着年少才盛、极高的艺术天赋和独到学识，他很快就融入了当地的文化圈，加入了"城南文社"，并很快在上海结交了一大帮他认为艺优学深的年轻同道。

城南文社成立于 1897 年，是一个以切磋诗词文章为宗旨的艺文团体，每月组织活动一次。核心成员有云间诗客许幻园、宝山名士袁希濂、江湾儒医蔡小香、江阴书家张小楼，社址即设在许幻园的豪宅城南草堂。文社的性质近于文学沙龙，宗旨是以文艺会友，除了成员间定期的课会唱酬之外，还常以悬金征文的形式结揽各方文士。李叔同接连数次夺得征文魁首，很快引起了文社及上海各界的注意。报纸以醒目大字写着：二十文章惊海内，古今奇才李漱筒（李叔同避祸暂改名）。

城南文社的盟主许幻园，名铼，江苏松江（古称云间）人士，是当时上海文坛的领袖人物之一，号称云间诗客。许幻园家境殷实，又素好结纳，府上常常成为沪上名流才士欢会的场所。李叔同初到上海，因才华卓越而引起许幻园的注意，遂相邀清谈。这场谈话畅快而惬意，令叔同和幻园相互大感相见恨晚，以后两人相交至笃，情同管鲍。

文社中的另外三个核心成员，袁希濂、蔡小香和张小楼，才情气质都与叔同相近，彼此之间同样是钦慕有加。随着交往渐深，情谊日浓，五人终于结成金兰之好，号为"天涯五友"。五友的合影留念尚存于世，许幻园妻宋梦仙曾题诗五首以志贺，名曰"题天涯五友图"，其中为李叔同所咏之辞最为醒目："李也文名大如斗，等身著作脍人口；酒酣诗思涌如泉，直把杜陵呼小友。"

宋梦仙，名贞，才貌双绝，是有名的才女。据说出生之时，其母梦见仙女来降，故字梦仙。宋梦仙不仅工诗善文，书画篆刻亦佳。十八岁时嫁与许幻园为妻，两人才情相仿，意趣相投，良缘天合，时有"沪上双璧"之誉。李叔同有感许幻园夫妻的恩爱，同时也钦佩挚友之妻的才情，诗《和宋梦仙》云：

门外风花各自春，空中楼阁画中身。

而今得结烟霞侣，休管人生幻与真。

1900年春，许幻园特地在自己的城南草堂内辟出一隅，邀请李叔同一家离开法租界内的居所，搬来与自己同住。幻园的城南草堂宽敞洁净，树木清华，鸟音时闻，苔痕柳影，清幽自在。城南草堂因藏有《复梦》《补梦》《后梦》《重梦》等八种续《红楼梦》而得"八红楼"之雅称。幻园在草堂内留给叔同一家使用的客厅中，悬有"醵纨阁"的匾额，右边的书房里幻园又书"李庐"一匾，这便是叔同此间自号"醵纨阁主""李庐主人"的来由，此后他的集刊也多以"李庐"为名。

李叔同在城南草堂的生活十分惬意，文人名士间的交往也是酣畅淋漓。李叔同有一首《清平乐·赠许幻园》如此描写这段生活：

> 城南小住，情适闲居赋，文采风流合倾慕，闭户著书自足。
>
> 阳春常驻山家，金樽酒进胡麻，篱畔菊花未老，岭头又放梅花。

等身著作

宋梦仙言李叔同"等身著作脍人口"并非虚美。叔同到上海后不久，就出版了他在上海的第一部正式出版物《汉甘林瓦砚题辞》，起由为他在市井之间偶然购得"汉甘林瓦砚"。"汉甘林瓦砚"据传原出汉代宫廷之内，辗转流传，后为清朝大学士、《四库全书》总编纂纪昀所得。纪昀对此甚为钟爱，特作《砚铭》以记之。如此珍品不期而遇，叔同大喜，便以拓片寄与知友名士，广征题辞，与古砚拓本及纪昀的《砚铭》一起翻印成册，共成书两卷。题辞作者共三十余人，或品鉴古砚之奇，或叹赏砚主之才。

1900年春出版的《李庐印谱》是李叔同收藏及他自己镌刻的印章精品的一个结集，其中前部分是藏品，他自己的印章附于藏之后。这是李叔同个人作品的第一次正式出版，书中序言以极为精练的笔墨概括了印学的发展：

系自兽蹄鸟迹，权舆六书。抚印一体，实祖缪篆。信缩戈戟，屈蟠龙蛇。范铜铸金，大体斯得，初无所谓奏刀法也。赵宋而后，兹事遂盛，晁王颜姜，谱派灼著。新理泉达，眇法苁呈。韵古体超，一空凡障，道乃烈矣。清代金石诸家，搜辑探讨，突驾前贤，旁及篆刻，遂可法尚。丁黄唱始，奚蒋继声，异军特起，其章草焉。盖规秦抚汉，取益临池，气采为尚，形质次之，而古法蓄积，显见之于挥洒，与谂之于刻画，殊路同归，义固然也。不佞僻处海隅，昧道懵学，结习所在，古欢遂多。爰取所藏名刻，略加排辑，复以手作，置诸后编，颜曰《李庐印谱》。太仓一粒，无裨学业，而苦心所注，不欲自韣。海内博雅，不弃窳陋，有以启之，所深幸也。

该序文中认为金石之艺其实与书法同源，都是从篆文衍生，于先古之金铜铸文中定其大体，秦汉时期古拙天然而章法未形，宋之后名家继起而令金石之艺大盛，至清一代终是厚积薄发，印学之道突驾前时趋于鼎盛。序文提出书法与印刻一体，强调印亦当有笔有墨有神，至今仍有指导意义。只是可惜《李庐印谱》没能流传至今。在20世纪三四十年代出版的《李叔同印存》（四册本），便是在这部作品的基础上增补而成的。

1900年秋，李叔同又出版了《诗钟汇编初集》，亦是编录性质，署名"当湖惜霜仙史编辑，李庐校印"。诗钟是文人雅士间流行的一种游戏，以集句嵌字为事。可惜的是此书已经失传，同时失传的还有同期署名"当湖惜霜仙史"的个人诗文集《李庐诗钟》。

与《印谱》的出版大抵同时，李叔同与城南文社诸友人以及上海书画界的几位名流朱梦庐、汤伯迟、高邕之、乌目山僧宗仰等人一起创立了"海上书画公会"，地址在今福州路杨柳楼。"海上书画公会"举办各种书画讲习班，免费听讲，向大众普及书画知识，叔同在讲习班里讲授篆书篆刻课程。"海上书画公会"的组织形式与文社相仿，会员定期集会，品茗论艺，探讨书画之道，每周出《书画周报》一份，作为副刊随《中外日报》发行，这是上海书画界发行的第一份报纸。叔同任《书画周报》主编，其间以"醙纨阁主李漱筒"之名发表过自己的一些书印作品。

1901年，李叔同返津探亲回上海后，又将这段时间的诗作结集出版成《辛丑北征泪墨》，赵幼梅为之题诗："与子期年常别离，乱后握手心神怡。又从邮筒寄此诗，是泪是墨何淋漓?!"叔同这次重回故地，时值八国联军共犯我中华。山河皆凌，何辱其当？叔同哀戚激愤的心境，亦凝为一篇篇力透纸背的淋漓文字。故《辛丑北征泪墨》一经面世，时人云"豪华俊逸，不可一世"，在沪获得各界人士高度评价。

杜宇声声归去好，天涯何处无芳草？

春来春去奈愁何，流光一霎催人老。

新鬼故鬼鸣喧哗，野火磷磷树影遮。

月似解人离别苦，清光减作一钩斜。

——《夜泊塘沽》

世界鱼龙混，天心何不平？

岂因时事感，偏作怒号声。

烛尽难寻梦，春寒况五更。

马嘶残月坠，笳鼓万军营。

——《遇风愁不成寐》

杜宇啼残故国愁，虚名况敢望千秋。

男儿若论收场好，不是将军也断头。

——《感时》

感慨沧桑变，天边极目时。

晚帆轻似箭，落日大如箕。

风卷旌旗走，野平车马驰。

河山悲故国，不禁泪双垂。

——《登轮感赋》

子夜新声碧玉环，可怜肠断念家山。

劝君莫把愁颜破，西望长安人未还。

——《轮中枕上闻歌口占》

其中《感时》一诗是再见日本友人上岗岩太所作。上岗岩太乃李叔同在天津的旧识，是国际红十字协会的成员，在天津的一家医院工作。当时叔同未习日语，上岗的汉文也不十分精熟，两人晤面，语言方面有障碍，唯能笔谈通义，却是相论竟夕极为欢契。上岗因于时事，勉之以精忠报国，莫令消沉，令叔同深为契怀。

抑郁谁语

所谓天下没有不散的筵席，在李叔同著作等身的时候，1901年，许幻园纳粟出仕，袁希濂入广方言馆，张小楼赴扬州东文学堂之聘，蔡小香医事应接不暇，而李叔同则去了南洋公学，城南文社及海上书画公会也就随缘而散了。

1902年，宋梦仙染疾而亡，年仅二十六岁。梦仙不仅才貌称绝，且人品高洁。庚子年间因战乱之故，内地百姓多有流离避乱于沪地，老弱孤贫颠踣于道。梦仙乃售罄其所藏所作书画以赈济，道义于心不让须眉。凡此之类，皆让叔同钦佩。又令他感到亲切的是，母亲王夫人与宋梦仙也极为投缘，时常与她在一起说诗品画。梦仙身弱多病，王夫人为之治理调养，视如自己的孩子。由此种种，叔同在心中也一直将梦仙当成自己的姐姐。无奈天忌红颜，一缕香魂就此早逝，叔同心中备是凄凉，以至于十二年后，他还为宋梦仙作《题梦仙花卉横幅》：

人生如梦耳，哀乐到心头。

洒剩二行泪，吟成一夕秋。

慈云渺天末，明月下南楼。

寿世无长物，丹青片羽留。

1899年，李叔同长子葫芦出生不久便夭折，二十岁的李叔同悲哀堪甚，所幸是他在这期间收获了大量的友谊，他的艺术天赋被世人认可。尽管如此，李叔同自幼而成的忧郁性情还是再次导致了他的悲戚之情，他在《二十自述诗序》里云：

堕地苦晚，又撄尘劳，木替花荣，驹隙一瞬，俯仰之间，岁已弱冠。回思曩事，恍如昨晨。欣戚无端，抑郁谁语？爰托素毫，取志遗踪。旅邸寒灯，光化如豆。成之一夕，不事雕剖。言属心声，乃多哀怨。江关庾信，花鸟杜陵，为溯前贤，益增愧怍。凡属知我，庶几谅予。

庚子正月

次年，李叔同生日前一天次子李准出生，欢喜之余，仿佛更感觉韶华易逝，人生苦短。于是，叔同那个时候的一身愁情毕见于他所填《老少年曲》中：

> 梧桐树，西风黄叶飘，夕日疏林杪。花事匆匆，零落凭谁吊？朱颜镜里凋，白发愁边绕。一霎光阴，底是催人老。有千金，也难买韶华好。

任凭李叔同"二十文章惊海内"，也抵不过国事衰亡的催人老。一个催字，就把匆匆的笔写成长长的寂寞。

于是，李叔同在回津探亲返沪后不久，以李广平之名考上了南洋公学特科班，再一次期望以新学之路图强中华。

大举图张公学后

入学特科

1896年，即光绪二十二年，洋务派要员盛宣怀在上海创办了南洋公学，即交通大学的前身，与北洋大学堂同为中国近代历史上中国人自己最早创办的大学。南洋公学创始时隶属于招商局和电报局，设立了师范院、外院、中院和上院四院，盛宣怀任督办。南洋公学当时教学所用教材是美国麻省理工学院的原版教材，时称"东方MIT"。

1901年九月间，李叔同以总成绩第十二名的成绩考上了南洋公学新设的特科班。特科班第一次招收的二十余人，皆为同辈人中英挺之选，除叔同之外，如黄炎培、邵力子、谢无量、洪樵榓、王莪孙、胡仁源、殷祖伊、项骧、贝寿同等人日后皆成为各界卓有成就的杰出人物。

南洋公学特科班的开设，是"为应经济特科之选，以储国家栋梁之材"，"但望学成之后，能如曾、李二星"。因此要求进入特科班学习者，"尤宜讲求中西贯通希合公理之学，不可偏蹈新奇乖僻混入异端之学"。特科班从古文功底深厚的年轻学子中择优招生，拟经预读之后择优保送经济特科，目的就是能够适应形势需要，为清朝政府选拔培养像曾国藩、李鸿章那样通晓实务的经世之才，是南洋公学开办以来的"高级班"。

出任特科班中文总教习的即是"学界泰斗""人世楷模"的蔡元培先生。蔡元培（1868—1940），近代民主革命家、教育家、科学家，中华民国首任教育总长，1916年至1927年任北京大学校长，革新北大，开"学术"与"自由"之风。1920年至1930年，蔡元培还同时兼任中法大学校长。

1901年，蔡元培出任特科班中文总教习后，便将一种自由开放的教学方式带到了南洋公学。特科班除英语、算学及体育这三门公共课之外，不设固定的课程。主课由学生从预先开列的三十多门课程里根据喜好和特长自主选择一至三门，专业选定之后再由教习开具书目。学习以自修为主，教习的讲解引导只起辅助作用，学生每天须写一篇读书札记，交由教习评阅，是重在培养学生独立学习能力的教学方式。课余之暇，蔡元培还时常以座谈的形式轮流召集二三学生或议时事，或论学术，年轻学子们由此得以定期亲聆大学者的教诲，受益良多。授课之时，蔡元培经常品评时事，培养学生对国家的责任感，还注意向学生们介绍西方世界的文化，启蒙民权、女权之类新思想，以开阔其胸怀视野。

在精英荟萃的同学当中，李叔同以出色的艺术才能引众人注目。进入南洋公学之后，因为读书的关系，他从义兄许幻园的城南草堂搬出，在公学里独居一室。黄炎培在《我也来谈谈李叔同先生》一文中说："南洋公学特班宿舍有一人一室的，有二人一室的。他独居一室，四壁都是书画，同学乐意和他亲近。特班同学很多不能说普通话，大家喜爱叔同，因他生长北国，成立小组请他教普通话，我是其中之一人。他的风度一贯很温和，很静穆。"

有鉴于日本对西方文化的成功传介与消化，日文典籍为国人了解西方学术提供了一条捷径，因此，蔡元培除要求学生们学好英语之外，又在特科班教读日本文法，鼓励学生翻译日文典籍，并暗中宣扬民权思想。李叔同早年在天津时已与国际红十字会成员上岗岩太有过交往，后又经赵幼梅引见，与千叶治和大桥富藏等著名日本书法家交好。那时的李叔同虽不精于日文，但于日文之学多少还是有过接触。1903 年发行的《法学门径书》（玉川次致著）和《国际私法》（太田政弘、加藤正雄、石井谨吾合著），就是李叔同在南洋公学读书时期所翻译的。

退学风波

南洋公学为李叔同提供了严格而系统的新式学院化教育，为时虽然并不长，但对他的影响却很深远。

新天地的新思想、新学识如次第展开的画卷一般，深深地吸引着李叔同，他开始留意并研究起法律来。在蔡元培的指导下，他用心研读了几部日本学者的法学著作。在有感于法律思想及法律制度于国于民的重要性后，他便着手进行翻译。经他翻译并由上海开明书店出版的日本法学著述《法学门径书》和《国际私法》，前者介绍学习法律的大体次第、意义、方法等，后者则是我国最早介绍国际私法的译著。李叔同由此也成为将西方近现代法律思想传播到中国的先驱者之一。

李叔同选译这两部法学著作翻译，是希望以此增强国人的法律观念和国民之主体意识，正如《国际私法》一书的序言中称："李君广平之译此书也，盖慨乎我国上下之无国际思想，致外人之跋扈飞扬而无以为救也，特揭私人与私人之关系，内国与外国之界限而详哉言之。苟国人读此书而恍然于国际之原则，得回挽补救于万一，且进而求政治之发达，以为改正条约之预备，则中国前途之幸也。"

李叔同就读公学期间留下的《论强国对弱国不守公法之关系》一文，也显示了他研究法律的目的：

> 世界有公法，所以励人自强。断无弱小之国可以赖公法以图自存者。即有之，虽图存于一世，而终不能自立。其不为强国之侵灭者，未之有也。故世界有公法，惟强有力者，得享其权利，于是强国对弱国，往往有不守公法之事出焉。

南洋公学虽然在组织形式上是一所依仿欧美的新式学校，但管理层由官僚买办所垄断，本质上仍是要为清封建王朝服务的。学校所聘请的教师成分复杂，既有讲授近现代自然科学的外籍教师，也有一心只读圣贤之书的道学先生；既有像蔡元培这样的开明人士，也有不少捍卫封建旧统的保守分子。彼此的思想主张本难相容，尤其在民主自由之类新思想冲突中则尤见明显，教师及师生之间便渐渐分化而成对立之势。公学之师吴稚晖此前在校内组织"卫学会"，就是因与保守派发生冲突而遭排挤，被迫辞职，十余名学生也被开除。而后，1902年的十一月，有学生误将一瓶墨水泼到了一位时常鼓吹"圣教""武功"之类封建思想的教师的座位上，再次引发了师生间的争执，校方为平息该教师的愤怒，在不管实情的情况下，决定将几个与此事有关的学生全部逐出校门。后有学生欲作解释和申辩，校方并令一同开除。如此越闹越大，最后校方欲以高压平息此事，全班请愿则开除全班，全级请愿则开除全级。在多次据理力争无功而返之后，蔡元培与其他几名教师一起愤然离校，退出南洋公学。特科班的学生包括李叔同在内，平日深受自由民主思想的影响，为抗议校方的蛮横专制，不惜放弃其保举经济特科的资格，追随蔡元培全体退出了南洋公学，此后公学里还有不少学生陆续退学，前后共有二百多人，终于导致了一场中国近代教育史上罕见的退学风波。

蔡元培还在特科班任教期间，即于1902年4月便与蒋观元、叶瀚、黄宗仰等集议，成立中国教育会。南洋公学发生退学风潮，得到教育会的支持，并于1903年成立爱国学社，接纳退学学生，在霞飞路福源里正式开学，由章士钊、蒋维乔、吴稚晖等为首教，蔡元培为总理。《章程》中说："重精神教育，而所授各科学，皆为锻炼精神，激发志气之助。"其间，上海开展抗法拒俄运动，爱国学社革命空气活跃，师生在社会上公开宣传革命。颇具进步思想的《苏报》也经改组，"以鼓吹革命为己任"。届时，李叔同任《苏报》编辑。

萌芽新乐

1904 年，马相伯与穆藕初在上海成立了以兴学强国为宗旨的"沪学会"，吸引了不少志同道合者。李叔同与义兄许幻园、南洋公学的同学黄炎培等人一同加入。一时间，"沪学会"家喻户晓，成为当时名震一时的新学、新潮、新时尚之典范。

沪学会开展的活动很多，除了兴办义学、普及文化、组织青年操练强身、习枪尚武之外，还通过开音乐会、演出文明新剧等形式向社会传播民权、女权等新时代的观念与思想，以推进社会风俗之改良。李叔同在沪学会中主持演剧部的活动，于 1905 年编写《文野婚姻新戏册》一剧，剧本写成后，曾作诗四首以为纪念：

床笫之欢健者耻，为气任侠有奇女。

鼠子胆裂国魂号，断头台上血花紫。

东邻有儿背佝偻，西邻有女犹含羞。

蟪蛄宁识春与秋，金莲鞋子玉搔头。

河南河北间桃花，点点落红已盈咫。

自由花开八千春，是真自由能不死。

誓度众生成佛果，为现歌台说法身。

孟旂不作吾道绝，中原滚地是胡尘。

朱双云的《新剧史》中有这样一条记载："丙午春正月，上海沪学会组织演剧部……沪学会诸会友闻风而动，于正月既望，即就会堂试演，主其事者，为美术家李叔同。"

李叔同演绎新剧，同时也对传统戏曲保持着热爱。作为票友，李叔同把在天津客串的习惯也带到了上海。他演出过《白水滩》《虫蜡庙》《溪皇庄》等剧目，扮演过穆玉玑、黄天霸、褚彪等角色。现存的照片中，有两张当时的剧照，一张扮演的是京剧《溪皇庄》中的老英雄褚彪，另一张扮演的是京剧《虫蜡庙》中的主角黄天霸。花缨冠，丁字步，左手敞撩披袍，右手紧握马鞭，剑眉凤眼，目光英凛，很是显示其功夫。

新学的兴起也同时促进了中国现代音乐的萌芽，其代表形式便是"学堂乐歌"，即学校音乐教育歌曲。在新式学校中普及音乐教育，早在维新变法时期即已被提出。当时由于真正掌握现代作曲法并且具有创造力的音乐人才太少，学堂乐歌的曲调多是采用欧美和日本的现成旋律，再填词或配词而成。从传统音乐中选曲者已相当少，自创乐曲者就更为鲜见了。李叔同早期的代表作《祖国颂》便是由当时民间一首颇为流行的乐曲《老六板》加工而成，所配歌词，字里行间洋溢了强烈的爱国热忱：

> 上下数千年，一脉延，文明莫与肩。纵横数万里，膏腴地，独享天然利。国是世界最古国，民是亚洲大国民。呜呼，大国民！呜呼，唯我大国民！幸生珍世界，琳琅十倍增身价。我将骑师越昆仑，驾鹤飞渡太平洋。谁与我仗剑挥刀？呜呼，大国民，谁与我鼓吹庆升平？

这首歌词具体创作时间不详，曾在沪学会的刊物上发表过，此后被全国各地的中学选作教材。《祖国颂》一经传唱，立即成为风靡一时的流行歌曲，广为国人，特别是青少年学生所熟悉，就连偏远小乡镇的学校也在教唱。1957 年 3 月 7 日，黄炎培发表于上海《文汇报》的文章《我也来谈谈李叔同先生》中附载了其保存的李叔同《祖国颂》的手写原稿；丰子恺说"李先生这《祖国颂》可以说是提倡民族音乐的最早的先声"。

李叔同对音乐的具体学习时间不详，但他自幼喜聆梵音，少时喜唱戏曲，十八岁成婚后，又买了一架德国钢琴，学习拜厄的《钢琴基本教材》及车尔尼的《钢琴初步教程》。在南洋公学期间，叔同与从日本游学回来的音乐教师沈心工交好，称之为"吾国乐界开幕第一人"。

1905 年 5 月，由上海中新书局出版发行的《国学唱歌集》，是李叔同早期歌曲创作的代表性作品，它的完成标志着叔同已跻身于中国现代音乐先驱人物的行列。这部歌曲集的根本宗旨是要以新的音乐形式来弘扬国学精粹，其序言写道：

乐经云亡，诗教式微，道德沦丧，精力瀿摧，三稔以还，沈子心工，曾子志忞，绍介西乐于我学界，识者称道毋稍衰。顾歌集甄录，佥出近人撰著，古义微言，匪所加意，余心恫焉。商量旧学，缀集兹册，上溯古毛诗，下逮昆山曲，靡不鳃理而会粹之，或谱以新声，或仍其古调，颜曰《国学唱歌集》。

《国学唱歌集》分为正编与杂歌两类。正编所收的十五首歌曲是整个歌集的主体部分，歌词几乎全部采自古典诗词中的珠玉之作，李叔同将其分为五类：

毛诗三百，古唱歌集，数典忘祖，可为於邑。"扬葩"第一。风雅不作，齐竽竞嘈，高矩遗我，厥为楚骚。"翼骚"第二。五言七言，滥觞汉魏，瑰伟卓绝，正声阒愧。"修诗"第三。词托比兴，权舆古诗，楚雨含情，大道在兹。"捕词"第四。余生也晚，古乐靡闻，夫唯大雅，卓彼西昆。"登昆"第五。

"扬葩"取自《诗经》，"翼骚"择自《楚辞》，诗荟萃李白与李商隐，词则综合辛稼轩与纳兰性德。为这些古典诗词选配的曲子大抵来自当时欧美、日本的流行曲调（*即序言所称"谱以新声"*），使两者能浑融一体，相映互美。而"登昆"中的《柳叶儿》《武陵花》两首古调则分别改编自昆曲《长生殿》中《酒楼》与《闻铃》二折，是用新的音乐形式传达传统文化的美韵，在当时的乐歌创作中可以说是极为另类的作品。《国学唱歌集》一经出版便受到了广泛的欢迎，一年之后，即有再版之请。

为谁惆怅为谁颦

风情潇洒

姜丹书在其《弘一律师小传》中对李叔同有这样的描述："上人年少翩翩，浪迹燕市，喜抱屈宋之才华，恨生叔季之时会，一腔牢骚忧愤，尽寄托于风情潇洒间，亦曾走马章台，厮磨金粉，与坤伶杨翠喜，歌郎金娃娃，名妓谢秋云辈以艺事相往还；抑莲为君子之花，皭然泥而不滓；盖高山流水，志在赏音而已"。

李叔同到上海后，短短几年时间便已经蜚声书画诗文、翻译及出版等各界。但忧心国事的惆怅、情怀无纵的忧思以及对音律等的梦寐都不是他学习或讲学、创作或出版能一概抒发的。他和古往今来的潇洒才子一样，会偶尔浪迹于声色情场，出入于艺妓闺阁之中，其行若杜牧之"十年一觉扬州梦，赢得青楼薄幸名"。他于天津时交结坤伶杨翠喜，于上海交结名妓谢秋云、朱慧百、李苹香等，往复诗词，把个翩翩年少的惆怅风情尽寄于间。

那个时候和在家乡时一样，大凡美妙的音律诗词相和多集于燕市，所以在很多时候，李叔同的烟柳雾莲亦是高山流水，志在赏音而已。所谓醉翁之意，未必在酒。1904年，李叔同为歌郎金娃娃之赋《金缕曲·赠歌郎金娃娃》便可见其意：

> 秋老江南矣。忒匆匆，喜余梦影，樽前眉底。陶写中年丝竹耳，走马胭脂队里。怎到眼前都成馀子？片玉昆山神朗朗，紫樱桃，漫把红情系。愁万斛，来收起。

> 泥他粉墨登场地。领略那英雄器宇，秋娘情味。雏凤声清清几许？销尽填胸荡气。笑我亦布衣而已！奔走天涯无一事，问何如声色将情寄？休怒骂，且游戏！

那是一个倾音时无言击节的拍和。多么惬意的一个"樽前眉底"！但凡我们心醉于音律时几无例外都是这般的心领神会。再说那宏声高拔，腔浑而声萧："领略那英雄器宇，秋娘情味。雏凤声清清几许？销尽填胸荡气。"好一个"领略那英雄器宇"，好一个"销尽填胸荡气"！单是这样铮铮的文字，就可以想象那唱来的铿锵。然而呢？"笑我亦布衣而已！"尽心天下，却是世事无常，故"奔走天涯无一事，问何如声色将情寄？"如此而已啊，我李叔同能如何？于此间，把盏金樽醉去轻狂。所以，"休怒骂，且游戏！"

由此可见，李叔同并不是风月场中的行尸走肉，而是在秦楼楚馆中，寻觅情趣相投的另一种知己。他和古往今来的诸多风情才子一样，对那种性格开朗、思想现代、才貌双全的女子尤为钟情。与之交往，是男儿志事的另一份情愫，同时，也是百炼钢成绕指柔的男儿心肠。

红颜知音

杨翠喜是李叔同的第一个红颜知音，早在天津时就因李叔同钟情于梨园风雅而交往相悦。李叔同曾有两阕《菩萨蛮·忆杨翠喜》寄情杨翠喜：

燕支山上花如雪，燕支上下人如月。额发翠云铺，眉弯淡欲无。

夕阳微雨后，叶底秋痕瘦。生小怕言愁，言愁不耐羞。

晓风无力垂杨柳，情长忘却游丝短。酒醒月痕

低，江南杜宇啼。

痴魂销一捻，愿化穿花蝶。窗外隔花荫，朝朝

香梦沉。

杨翠喜虽然出身贫寒，但相貌出众，聪明伶俐，是津京一带红极一时的名角。她是李叔同第一次对家族以外的女性产生喜爱之情并有知音之感的女性，但无奈那时的叔同尚年少，又在其兄其母的严格教化与管制中，所以他和杨翠喜的交往只能是无疾而终。

李叔同到上海后，仍在闲暇时候往返于秦楼楚馆中。这除了他的风雅之性使然，吸引叔同的更多是诗文曲画文艺与知遇感和之情，而他交往的名妓不仅美貌，亦多才多艺。其间，李叔同与名妓李苹香多有诗词唱和。

李苹香原是徽州黄姓望族，其家道败落后迁浙江嘉兴，后因误托终身，被迫沦落。李苹香素以才情名闻于沪上，一时艳帜之盛，几无出其右者。尽管她盘桓于名流显贵之间，但只有李叔同最称莫逆。章士钊曾经写过一部传记体小说《李苹香》，书中多有提及他们的交往情缘，叔同则以当湖惜霜的笔名为该书作序。

谢秋云也是李叔同情有独钟的一个风尘女子。在叔同眼

中，谢秋云最善解人意，也最能理解和安抚他忧闷的心情。八国联军入侵，中华民族蒙受奇耻大辱，叔同为国事悲愁，常到谢秋云住的地方一个人喝闷酒。每遇这样的时候，谢秋云从不劝阻。她知道生此龌龊的世界，借酒浇愁是古往今来读书人的一种发泄方式，以此来缓解痛苦的情绪。叔同《七月七夕在谢秋云妆阁，有感诗以谢之》曰：

> 风风雨雨忆前尘，悔煞欢场色相因。
>
> 十日黄花愁见影，一弯眉目懒窥人。
>
> 冰蚕丝尽心先死，故国天寒梦不春。
>
> 眼界大千皆泪海，为谁惆怅为谁颦？

自古以来，男人和男人间的扼腕抒情多为激昂壮志、展望宏图。唯在红颜知己前，男人心底深处的柔情爱恋与现实的不协和、悲情天下又乏力拯国的无奈才会表现得更深刻或者更彻底。所以，李叔同自己知道，他的寄情声色，是对天寒不春现状的担忧，是自己忧愤心情的一种宣泄。所以，叔同说："眼界大千皆泪海，为谁惆怅为谁颦？"

苍龙狂吼

对于这段时间的烟花柳巷之迹，李叔同之后的许多敬仰者经常采取回避或否认态度。其实，这正是凡胎肉身之人的真情常态。对于悟性极高、心性斐然的李叔同来说，凡事认真执着的俗世历练才是他后来空门的超然。一个人如果没有经历过红尘俗世的洗礼，修为只能是纸上谈兵。试看释迦牟尼佛，他也是在王公贵族的繁华后，菩提净心，普度众生，拈花微笑。

所以，李叔同在经历了种种风月之事后，他开始明白家国事不是担忧或者宣泄便能解决的，他必须要面对。就在他出国游学日本的前两三年，他对自己的这些行为就有了反思和忏悔之意。1903年，他在致许幻园的一封信中写道："希濂兄已不在方言馆，终日花丛征逐，致迷不返，将来结局，正自可虑。"

1904年底，李叔同三子李端出生后不久，他一生挚爱的母亲王夫人因病去世，生死无常的无奈再一次袭击了他。安葬好母亲、安置好妻儿后，叔同只身回到上海，他开始更深地、更为认真地思考未来，思考家事国事天下事的前途和命运。重新取得南洋公学的文凭后，叔同决定东渡日本，研究艺术，寻求救国图存的道路。临行前，李叔同写下了他一生最为荡气回肠的《金缕曲》：

披发佯狂走。莽中原，暮鸦啼彻，几枝衰柳。破碎山河谁收拾？零落西风依旧。便惹得，离人消瘦。行矣临流重太息，说相思，刻骨双红豆。愁黯黯，浓于酒。

漾情不断淞波溜。恨年年，絮飘萍泊，遮难回首。二十文章惊海内，毕竟空谈何有？听匣底，苍龙狂吼。长夜凄风眠不得，度群生，那惜心肝剖。是祖国，忍孤负！

中华几代人的积愤都在这首《金缕曲》里被李叔同一倾而出。这时的李叔同不再逍遥于他在上海所博取的名利，也不再风月无边地诗话岁月，他清醒地知道：即使他曾经"二十文章惊海内"，终究是"空谈何有"。赤子肝胆，昆仑浩浩，要我中华崛起，唯听那"苍龙狂吼"！此时的中华，日日若"长夜凄风"，眠不得啊，怎能眠？欲度群生，"那惜心肝剖"！一切，一切都只为"是祖国，忍孤负！"

好一阕披肝沥胆的《金缕曲》！现代作家柯文辉言及这首《金缕曲》时说："即平生只作此阕亦足不朽！"

李叔同从日本游学回国后，在上海和天津分别滞留过一段时间。曾经与他相处甚深的名伶们，他一个也没有再见过。毋庸置疑地说，曾经风月场所的浪迹，是李叔同在一个年龄段和一个时间段的必然经历，或者说是很多才情青年的必然经历，但经历之后的醒悟才是一个智者和天下大公者的至高境界。在日本期间和从日本回国后，至他出家前，他身边只有日籍夫人相伴。李叔同把他所有的精力投身至探学、教学，以至于研学拓学，至终身。

治学兴国涉东瀛

初到日本

当清帝国摇摇欲坠于最后一抹夕阳时，隔岸相望的日本却在明治维新后走上了强国之路。

日本的崛起，不仅仅是经济和政治的崛起，还表现在崛起过程里全民的兴新意识、纳收并用的社会新制度以及整个文化范畴的新锐发展等。当清政府意识到这一点，便开始把向西方学习的重点转向日本，上至公费派遣留学生到日本，下至国人自费到日本学习。尤其 1905 年日俄战争中日本获胜后，最为鼎盛时期，国人到日本学习者逾万人。

漂洋过海，东渡扶桑，尽管留学或游学日本者各怀动机与目的，但在国家命运的问题上，都成为最为迫切的一个共同目的。所以，到日本学习者，选择更多的是政治、经济、法律、军事、科学、教育这些与国计民生密切相关的实用性专业，选择文学艺术类专业者不多，而李叔同便是这少数人中的一个。他到日本学习完必要的专业语言后，选择了东京美术学校，专攻西方现代美术和音乐。

不是李叔同不忧国忧民，也不是他只好艺术。从他少时关注新学，推崇变法兴国开始，到他在上海入南社写文章评论时弊，到他追随蔡元培的民主思想，再到他离开中国前所写《金缕曲》，李叔同的爱国激情一如他对艺术孜孜不倦的追求。他选择艺术领域的学习，除了源于他对艺术的超然悟性，也源于他意识里认为艺术同样是一个国家兴衰的标识。李叔同在《图画修得法》一文里如是说道："图画之发达，与社会之发达相关系。"对他来说，艺术的完善是相关于个人人格的完善，相关于国家、社会的素质完善。也就是说，一个进步、发展中的国家，文化艺术的发展，在某种程度上佐证着国力和国民意识的发展，并见证于发展的过程和推进于发展的历程。

1905 年八月，李叔同只身来到日本东京。安顿下来后，他一方面在语言和专业方面为次年的入学作更充分的准备，另一方面，他也一如既往地投入文艺的研究与创作。

1905 年底，李叔同开始以一己之力创编《音乐小杂志》，除选登了几篇日本人的作品之外，从封面设计、美术绘画到各主要栏目的编写，均由他以"息霜"的笔名一人完成。杂志于 1906 年二月上旬在东京印讫，随即寄回国内，托上海友人尤惜阴代为发行。

《音乐小杂志》篇幅虽然不大，内容却很丰富，分为社说、乐史、乐典、乐歌、杂纂等几个主要专栏。其中有他弘扬词章之学的新作歌曲《隋堤柳》，曲子选用的是美国流行歌曲《戴茜·贝尔》（*Daisy Bell*）：

> 甚西风吹醒隋堤衰柳，江山非旧。只风景依稀凄凉时候，零星旧梦半沉浮，说阅尽兴亡，遮难回首。昔日珠帘锦幕，有淡烟一抹，纤月盈钩，剩水残山故国秋。

> 知否，知否，眼底离离麦秀？说甚无情，情丝剗到心头。杜鹃啼血哭神州，海棠有泪伤秋瘦。深愁浅愁，难消受，谁家庭院笙歌又。

《音乐小杂志》中李叔同作文《呜呼！词章！》言："我国近世以来，士习帖括，词章之学，金蔑视之。晚近西学输入，风靡一时，词章之名词，几有消灭之势……迨见日本唱歌，反啧啧称其理想之奇妙。凡吾古诗之唾余，皆认为岛国所固有。既齿冷于大雅，亦贻笑于外人矣。"日本学者皆通《史记》《汉书》等，昔有日本人举《史记》《汉书》之事迹质问中国留学生，而留学生茫然不解所谓。这在当时已经揭示了诸多学子盲目崇洋媚外的浅薄，即使在21世纪的今天，也是意义深远地揭示了国学的衰哀。

李叔同本拟将《音乐小杂志》办成半年刊，春秋两季发行。后因种种困难，终于未再编行续刊。但作为中国近现代史上第一份音乐专刊，《音乐小杂志》却有着开创性的意义。

它揭开了中国音乐期刊发展史的第一页，在我国的音乐刊物出版史上占有重要的地位。

1906年六月，李叔同加入了东京"随鸥吟社"。随鸥吟社是日本明治末期最负盛名的汉诗团体，以潜心诗道研究、振兴汉诗创作为宗旨。随鸥吟社的社名取自我国唐代诗人李白《江上吟》中的"仙人有待乘黄鹤，海客无心随白鸥"。

随鸥吟社荟萃了当时日本汉诗界精英，其重要成员大多出生于汉学渊源深厚之家庭，自幼都受过极系统而严格的汉学教育，对中国的古典文化备为景仰，其中就有被称为"早熟之天才"的本田种竹和有"一代书圣"之誉的日下部鸣鹤。社员每月召开一次例会，萃集社中优选诗作，发行社刊《随鸥集》。李叔同在随鸥吟社的时间只有半年左右，但《随鸥集》里便刊发了他不少的诗作。

春风几日落红堆，明镜明朝白发催。

一颗头颅一杯酒，南山猿鹤北山莱。

秋娘颜色娇欲语，小雅文章凄以哀。

昨夜梦游王母国，夕阳如血染楼台。

——《春风》

凤泊鸾飘有所思，出门怅惘欲何之？

晓星三五明到眼，残月一痕纤似眉。

秋草黄枯菡萏国，紫薇红湿水仙祠。

小桥独立了无语，瞥见林梢升曙曦。

——《朝游不忍池》

李叔同的诗作深为日本汉诗大家所推重，大久保湘南评《春风》云："李长吉体，出以律诗。顽艳凄丽，异常出色。"对《朝游不忍池》的评语则是："如怨如慕，如泣如诉，真是血性所发，故沉痛若此！"

李叔同这段时间的诗词颇丰，且多喜用典故，其中不乏佳作。

醉时歌哭醒时迷，甚矣吾衰慨凤兮。

帝子祠前芳草绿，天津桥上杜鹃啼。

空梁落月窥华发，无主行人唱大堤。

梦里家山渺何处？沉沉风雨暮天西。

——《醉时》

昨夜星辰人倚楼，中原咫尺山河浮。

沉沉万绿寂不语，梨花一枝红小秋。

——《昨夜》

帘衣一桁晚风清，艳艳银灯到眼明。

薄幸吴儿心木石，红衫娘子唤花名。

秋于凉雨燕支瘦，春入离弦断续声。

后日相思渺何许？芙蓉开老石家城。

——《帘衣》

故国鸣鹈鸼，垂杨有暮鸦。江山如画日西斜。
新月撩人，透入碧窗纱。陌上青青柳，楼头艳艳
花。洛阳儿女学琵琶。不管冬青一树属谁家，不管
冬青树底影事一些些。

——《喝火令》

这几首都是 1906 年至 1907 年间所作，几乎每一首都
有典故的引用。《喝火令》中的冬青树即取义于乾隆时代最
负盛名的戏曲家蒋士铨之同名传奇戏，是写文天祥、谢枋得
等人忠节殉难的故事。李叔同亦自称此词系为哀于国民心死
而作。

李叔同的诗作在早年就已经足见功夫，此时更是炉火纯
青，尤其他的诗风大婉约也大豪放，大写实也大写意。天理
大学教授中村忠行对他的诗风评语说："他的诗风，在妖艳
里仿佛呈现沉郁悲壮的面影。"

西画学习

东京有不少由留学生自己办的刊物，李叔同到日本后不
久，便为高关梅主编的《醒狮》杂志撰写了《图画修得法》
《水彩画法略说》两篇美术专论，前篇介绍绘画作用、种类
与基本方法等，后篇专述水彩画的技法。文章着重强调了艺

术的社会功能，即艺术的发展与社会的发展同步。

李叔同到东京的第一年，便开始在野外写生。他在冬天给天津的徐耀庭寄去了一张明信片，是他水彩风景小画的习作，随附的文字这样写道："沼津，日本东海道之名胜地。郊外多松柏，因名其地曰'千本松原'。有山耸于前，曰'爱鹰山岗'。中黄绿色为稻田之将熟者。田与山之间有白光一线，即海之一部分也。乙巳十一月，用西洋水彩画法写生，奉月亭老哥大画伯一笑。弟哀，时客日本。"

同期另一张寄与友人的明信片上也是水彩，名《山茶花》，随附文字为：回阑欲转，低弄双翘红晕浅。记得儿家，记得山茶一树花。乙巳冬夜，息霜写于日本小迷楼。

就在李叔同加入"随鸥吟社"的同年七月，他以李岸之名参加了东京美术学校的入学考试，顺利地考入了该校的西洋画科。

东京美术学校是日本当时唯一的国立美术学校，在近半个世纪的岁月里，它一直都是日本美术教育的最高学府。"二战"结束后，被并入东京艺术大学，成为后者的美术分部。西洋画科的学生分为正规生和撰科生两种。正规生通过初试之后，先要接受一学期的预科学习，再接受一次考试，合格者才能成为正式的四年学制的学生。撰科生通过入学考试者即直接入学。相对而言，正规生的相关理论课程更为广泛，而撰科生学时略短且更注重绘画实际技能的训练，所以撰科生对学生更具吸引力。再加上外籍学生只能以撰科生的身份入学，因而其竞争要比正规生激烈得多，要求也比正规生要高。李叔同入学的这一年，参加正规生考试者共六十七人，合格者为三十人，而其中被录取为撰科生者仅五人（日本二人，中国二人，印度一人），其录取率远远低于正规生的比率。所以，由于当时中国人学油画的极少，能进东京美术学校学习的就更是屈指可数，东京《国民新闻》的记者特地寻到李叔同的住处去采访。1906年10月4日，该报以《清国人志于洋画》为题刊出了采访稿，随文刊登的还有一张李叔同身着西装的照片和速描画稿。

西洋画科开设的专业课程很系统，除绘画是主科外，还设木刻、雕塑、工艺等科目。学生最先接受的是石膏模型的写生训练，现存李叔同的一张少女头像炭笔画，就是石膏模型写生训练的习作。

李叔同进入东京美术学校的时候，正值欧洲印象主义开始传入和影响日本油画界。印象派作品注重表达在光线与色彩下的瞬间印象和直观感受，通过炫彩与光晕、色彩的对比组合与融浸，使景色人物都消融在光与色的海洋之中。这种效果需要离开画面一定的距离才能看出效果，近观则往往是一团模糊，是一种具有相当难度的技法。正当很多业界人士还对印象主义感到陌生和怪异的时候，李叔同很快以其敏锐的艺术直觉感受到其独特的艺术魅力，并极快地接受了这种重视主体感受、印象与直觉的绘画风格。这种风格和东方艺术追求气韵与意境表达的传统不无相通之处，尤其是国画水墨的大写意、书法对汉字演变的追根溯源等，都带有印象主义的朦胧感和动感。其实印象派的开创人物马奈与莫奈等人都曾从东方绘画中深受启发，因此印象派画风与东方艺术之间本有着密切的渊源。李叔同早年曾专修过国画，加之书法基础极为坚实，还有治印的底功，而入学前他又摸索自修过西画，所以他在学校学习起来进步极快。姜丹书对李叔同的画评价道："上人于西画为印象派之作风，近看一塌糊涂，远看栩栩如生，非有大天才真功力者不能也。"

由黑田清辉主导的白马会是日本油画界的学院派代表，反映着当时日本油画界的最高水平和最新发展。白马会每年在春夏之交举行一次会展，展品都经过组织者的精挑细选。李叔同在校学习的后两个学年里连续两次参加了会展，这也是白马会的最后两次年展，其中《朝》被收入当年的《白马会画集》。叔同是该校中国留学生中唯一两次参展者，作为一名外国学生，作品能够与教授同时展出，这种荣誉显示了他的实力。到他毕业时，其作品所达到的水准已足以使他名副其实地成为中国早期西画发展史上一位大师级的人物。

作为当时学校里唯一的自费留学生，李叔同的学习异常勤奋。1911年10月《东京美术学校校友会月报》载："前学年中精勤学业者，由本校授予精勤证书。"获此殊荣的二十一位学生中，叔同是唯一的留学生。他的毕业作品"自画像"至今还收藏在东京艺术大学美术馆中，开创了当年东京美术学校毕业生印象派风格的先河。日本《美术新报》的记者评论说："东京美术学校毕业成绩展览会，今年没有引起特别的新感想。洋画撰科李岸君的前途也许值得注目。"《校友会月报》上则评论说："李岸君的方法非常有，总觉得他改变了肖像画的模式。"

话剧先河

李叔同早年喜爱戏曲，在天津时就流连戏台并串票演绎，在上海时又留意并参与新剧运动，所以他进入东京美术学校后不久，于1906年11月便加入了由著名作家和戏剧家坪内逍遥、岛村抱月组织的"文艺协会"，并在业余时候师从戏剧家藤泽浅二郎和川上音二郎研究戏剧。通过对日本新剧的研究，叔同对于戏剧的社会功能有了更深刻的理解。他认为，戏剧应该关注现实生活，应该起到服务社会唤醒民众的作用。同时，在表现形式上，用接近现实生活的方式来表演比传统戏曲虚拟和程式化的方式更具有感染力。于是，在年底，本着为我国艺界改良作先导的宗旨，叔同与早他一年入校的黄辅周及与他同年入校的曾延年共同发起并成立了"春柳社"。"春柳社"取意柳芽春萌，最初的重要成员还有唐肯和孙宗文，藤泽浅二郎则受请成为社团的顾问。

春柳社原是一个综合性的文艺团体，以研究各种文艺为目的，分为诗文、绘画、音乐及演艺四部，凡词章、书画、音乐、剧曲等皆包括在内。其中演绎部最有成就，开创了中国话剧之先河，极具历史价值。春柳社被公认为中国第一个真正意义上的话剧团体，它的成立，是中国现代话剧艺术诞生的一个重要标志。

1906 年夏秋两季，长江下游连降暴雨，水灾严重，江苏淮北至冬仍是涝灾漫延。"中华基督教青年会"和春柳社在 1907 年 1 月共同发起并举办"赈灾游艺会"义演，地点为东京神田区骏河台铃木十八番地的"清国留学生会馆"。这是春柳社的第一场正式演出，李叔同等人选择小仲马的名剧《茶花女》，演出其最后一场阿芒之父来访茶花女及茶花女之死。剧中，李叔同男扮女装饰演剧中的女主角茶花女玛格丽特。

《茶花女》的演出很成功，演出收入一千多元全部寄回祖国赈灾。剧中李叔同扮演的茶花女也获得了一致好评，《东京日报》赞扬叔同"扮演的玛格丽特优美婉丽，使东京观众大为轰动"。戏剧家松居松翁在演出结束后兴奋地跑到后台与叔同握手，并在其出家后发表回忆文章，认为春柳社的演出已经超过了当时日本新剧的水平。他甚至夸张地评论说，李叔同日后若能仍然致力于戏剧艺术，则他对中国戏剧界的影响将在梅兰芳、尚小云等人之上。他在《对于中国剧的怀疑》一文中说："虽则这个剧团后来消灭了，但也有许多受他默化的留学生们立刻抛弃了学业而回国从事新剧运动的，可知李叔同君，确是在中国放了新剧运动的烽火。"中国著名戏剧家欧阳予倩便是因为看了《茶花女》的演出而深受启发，发现戏剧原来可以有这样的一种表现方法，当即决定加入春柳社，他毕生的戏剧生涯正是从这里开始的。

第一次演出的成功给了春柳社成员巨大的鼓舞，其影响也由此迅速扩大，成员很快发展至八十多人，甚至还吸引了日本和印度的学生参加。先后加入的重要成员除欧阳予倩外，还有谢抗白、严刚、李涛痕、吴我尊、马绛士、陆镜若等人，其中不少人后来都成为中国话剧发展过程中的重要人物。

春柳社的第二次公演的剧目是林纾与魏易合作翻译的文言译本《黑奴吁天录》，由曾延年负责剧本的改编，李叔同负责舞台设计，包括舞台灯光、剧中音乐、演员的服装化妆等。此外，组织演员、联系导演、商洽演出场所等事务也多是由他奔走。《黑奴吁天录》按现代话剧的形式将小说改编成一出五幕剧本，是中国话剧第一个严格意义上的剧本，讲述的是美国南北战争前夕，黑奴在白人奴隶主的残酷虐待下的悲惨境遇和奋起反抗的故事，表现了黑奴们坚强不屈的意志和抗争精神，现实意义十分明显。

公演前夕，春柳社在东京十余种最有影响的报纸上刊发公告，还设计了大幅海报四处张贴，一时间成了当时众所瞩目的事情。正式演出是在 1907 年 6 月 1 日和 2 日这两天的下午举行，海报上称为"春柳社演艺大会"。叔同为观众准备了精美的剧情说明书，其中一份至今还收藏在早稻田大学的戏剧博物馆里。由于宣传的作用，加之之前《茶花女》的成功，日本戏剧界不少知名人士如坪内逍遥、小山内薰、伊原青青园、土肥春曙等人都特地到场观看，伊原青青园、土肥春曙还写了长达 20 页的长篇剧评《清国人的学生剧》，发表在该年《早稻田文学》七月号中。

李叔同在剧中扮演二号女主角爱密柳夫人，并用钢琴弹奏了一首西洋乐曲，婉转流畅，技巧纯熟，令人惊叹。对于叔同的扮相，伊原青青园有这样的描述："身材细长，敷着白粉，颇具风采，其穿洋装的样子和走动的姿态俨然一副西洋妇人的派头。"土肥春曙则写道："息霜氏的美国贵妇人，肩颈柔软地动着，颇具爱娇之态的举止，极为巧妙。"剧中，李叔同还兼演一跛脚醉客，也得到极高的评价。

《黑奴吁天录》演毕，演员一起上台朗诵林肯名言："只要有人的地方，绝对不允许一半自由、一半奴役，并存于世界。"顿时，台上台下一片鼎沸，都沉浸于剧情中不能自拔。春柳社的演出再次取得了巨大的成功，观众超出预期的三千人，第二天连剧场的过道里也站满了人。

春柳社的第三次公演是在1908年4月，演出剧目为《相生怜》，李叔同扮演女主角。随后，叔同渐渐淡出春柳社，集所有心思在学校的学习上。随着他的退出，春柳社的名字也渐渐地归于沉寂。其后，因清政府害怕演出中的进步气息，便禁止留学生上台演戏，并以取消"留学费用"相威胁，春柳社终于被迫宣告解散。

但是，春柳的精神一直鼓舞着后继者们。后来相继成立的很多新剧团体如王钟声组织的春阳社、任天知领导的进化团、欧阳予倩和吴我尊回国后组建的春柳新剧社，都是在续传着它的薪火。

李叔同是那种非常注重内心感受的典型的艺术天才，喧哗和掌声对于他来说都只是一个时间段的过往云烟，他要的不是浮华，他要的是本源的感受和本心的创作。他知道戏剧是群体性的艺术样式，而绘画则是个体经验的表达。他越来越深地沉入个体体验的世界之中，越来越习惯和喜爱用光与色这种无声的语言，而不是戏剧这种与他人的对话，或者诗词这种独白。所以在他学习的后两年里，他几乎没有再写下一首诗或词。即使在爱上并娶了他的模特日籍女子福基后，也几乎没有在文字上对她有什么长吁短叹。

在李叔同的在世资料里，福基的影像不是十分明了，见过福基本人的人也不多，尽管李叔同的画作里不乏以福基为原型的遗笔。李叔同在离开上海到日本的前二三年，完全断绝了花柳音瑟的往来。他对于红颜知己的感知，渐渐地在岁月里变成了沉淀的艺术本身。所以他对于福基的爱，也是在创作过程里的相知相惜而产生，基本脱离了之前的浮轻沉吟，而变得更为实在。也所以，他与福基相伴十几年，直到他出家也没有多少人了解他和福基生活的一切。

似乎是冥冥中的事，李叔同在日期间用得最多的名字是李岸，岸者，恰是游子思归之所在。1911 年 3 月，叔同在日本游学五年多之后，携妻回国。李叔同虽不是第一个进入东京美术学校学习西方美术的中国人，但却是最早从该校学成的毕业者。另一个与他共享这一荣誉的是曾延年，后者毕业后决定继续留下来深造，进入该校的研究班学习。

第 3 章

一花一草孤芳洁

桃李不言画春秋

广告先驱

李叔同携日籍夫人福基回到中国后，他把福基安排在了上海，只身回到天津。李家的家境也在这一年里急转直下，先是清政府将盐业收归官盐，后是辛亥革命前后国内金融市场陷于一片混乱。据当时供职于天津的袁希濂回忆说，这一年李家的资产先是倒于义善源票号五十余万元，再倒于源丰润票号又数十万，百万家产就此荡然无存，几至于破产。一直衣食无忧的李叔同至此也不得不为生计之事操心起来。他先后在天津工业专门学校和直隶高等工业学堂执教，主要负责美术教学，前后大约有半年时间。

1911年10月10日，武昌起义爆发，辛亥革命拉开帷幕，全国连续发动了一系列的武装起义，至1912年初南京民国临时政府成立，成功推翻了清王朝在中国的封建统治。当李叔同得知武昌起义的消息时，兴奋异常，他理想状态中的民主、自由以及期望的全新的社会面貌，似乎也如武昌起义般为他再一次拉开了理想的帷幕。他辞去了天津的工作，再次南下到了上海。

1912年元旦，孙中山就任中华民国临时大总统，李叔同欢庆而作《满江红》一首，以庆民国肇造：

皎皎昆仑山顶月，有人长啸。看囊底，宝刀如雪，恩仇多少。双手裂开鼷鼠胆，寸金铸出民权脑。算此生不负是男儿，头颅好！

荆轲墓，咸阳道，聂政死，尸骸暴。尽大江东去，余情还绕。魂魄化成精卫鸟，血花溅作红心草。看从今，一担好河山，英雄造！

同年2月，李叔同受上海城东女校校长杨白民之邀，就职于该校。城东女校以严谨勤勉的校风闻名，黄炎培、包天笑、吕秋逸等人都曾执教于该校，除上海本地外，江浙一带多有女生前来就读。

就任城东女校前，李叔同已先于1911年12月应友人朱少屏之邀筹备《太平洋报》报纸广告部诸事，同时，他为柳亚子任副刊编辑的《民生日报》作漫画《无题》《休战》和《落日》。

《太平洋报》是民国政府成立之初舆论宣传的阵地，主要成员都是著名的革命党人。社长姚雨平时任北伐军的粤军总司令，总编辑叶楚伧系姚雨平的参谋，发行部经理朱少屏与主编柳亚子则是南京临时政府的总统府秘书。报馆的编辑阵容强大，重要成员还有胡朴安、胡怀琛、姚鹓雏、陈无我、林一厂、余天遂和苏曼殊等人。

1912年4月1日，《太平洋报》出版了创刊号，魏碑体的醒目报头即出自李叔同手笔，同时在报纸的头版还刊登了一篇专门介绍该报广告特色的文章，针对当时中国报纸的现状，特别对广告提出从四个方面加以改进，集中体现了叔同广告设计的独特思路。《太平洋报》有自己的广告专版，叔同运用美术中的图案构形原理，将整个版面分成若干模块，各模块又设计成各式各样的图案，并辅之以各种各样生动鲜活的边角装饰，错落有致而富于变化和趣味。经过这样精心巧妙的设计，《太平洋报》的广告有如一件件图文并茂的艺术作品呈现在读者面前，立刻引起了人们的兴趣。报纸发行一个多月后，甚至有不少读者来信要求将这些美术广告编集成册，单独出版发行。此后上海的各家报纸纷纷效仿，报刊广告的面目也自此为之一新。因此，各种文献里皆称李叔同为中国现代广告艺术的开创者与先驱推进者。

在主持《太平洋报》广告部的同时，李叔同还兼任副刊《太平洋文艺》的编辑，并专门负责一个名为《太平洋画集》的小专栏，用来发表画作，其中最重要的人物是国画大师陈师曾。

陈师曾，名衡恪，自号朽道人，出身名门，祖父陈宝箴与父亲陈三立都是晚清维新运动中的风云人物，其弟陈寅恪则是一代国学大师。陈师曾是民国时期北方画坛的领袖人物，诗书篆刻俱工，大体处于上承吴昌硕、下接齐白石的位置。他比李叔同年长四岁，1906 年，两人在东京一见如故，自此始终保持着亲密的友谊。李叔同在《太平洋画集》中为陈师曾发表了十多幅画作，这些毛笔简画多是即兴之小作，着墨不多，却极具情趣，令人回味。丰子恺曾评论道："国人皆以为漫画在中国由吾创始，实则陈师曾在《太平洋报》所载毛笔略画，题意潇洒，用笔遒劲，实为中国之始。"

为满足读者对绘画作品日益增加的需求，自 6 月起，《太平洋报》在保留小画栏的同时，又另行增刊一张《太平洋画刊》。这一纯艺术性的版面，除了刊登名家的画作之外，也发表其他形式的艺术作品，还曾面向社会征求讽刺漫画和学生毛笔画作，在中国漫画的早期发展过程中对于推广漫画在社会中的影响起过一定的作用。

《太平洋画刊》上李叔同用隶书笔意书写的《莎翁墓志》与当时另一位富于传奇色彩的人物苏曼殊所作的《汾堤吊梦图》同版刊出，时称"双绝"。

苏曼殊，父亲是广东茶商，母亲是日本人。1884年生于日本横滨，1918年病逝于上海，年仅三十四岁。他五岁时随父回广东，因母为妾，不容于本家，十二岁时便在广州长寿寺出家。后回到日本，在旅日华侨所设大同学校毕业后考入东京早稻田大学。其间曾广游东南亚各国，倾向民主革命，加入了留学生爱国组织。苏曼殊亦僧亦俗，身具多才，能诗擅画，通英、法、日、梵多种文字，尤其在绘画和诗文小说上别具一格。他在国画传统的基础上，由透视、明暗等方面又借鉴西洋画法，自成自法，多取景于古寺、空野、荒江、孤船之境，具有一种萧索冷逸的意味。他的诗在当时很有名，诗风清艳。此外还写小说，最著名者为《断鸿零雁记》，行文清新婉丽，情节曲折动人，对后来流行的"鸳鸯蝴蝶派"小说产生了较大影响。为连载此作，李叔同特请陈师曾署名"朽道人"作插画数幅，以配合小说的情节，时称"僧道合作"。

《太平洋报》的编辑几乎都是南社成员。李叔同与苏曼殊也都名列其中，但两人的表现却是正相对比。曼殊时常与南社中人酒肆征逐，或借酒骂政，或题诗品伎，而叔同则孤高自持，离群索居，独住于报馆楼上的一间小室，罕与其间。他把大部分的时间都花在读书、编稿等上。

南社是中国近代第一个革命文学团体，以同盟会会员为骨干，多是知识界的革命激进分子，可以说是同盟会的一支文学分会，活动中心在上海。南社成立后，队伍不断壮大，入社者最多时达一千二百余人，成为中国历史上最大的文学团体之一。南社与辛亥革命的关系也十分密切，孙中山在南京成立临时政府时，南社中被任命为次长级官员的就有五名，另有三人任总统府秘书，一人当选参议院副议长。在其后的二次革命和反对袁世凯复辟帝制的斗争中，不少南社成员还直接领导或参加了武装斗争，甚至为此而献出了生命。

李叔同参与南社有进步思想方面的原因，却不是因为其政治色彩，他在南社成立前便与其中一些重要成员有私交。所以，他与南社的联系并不密切。事实上，他参与的活动很少，只有三次，在《南社丛刊》上也只发表过一篇数年前的旧作《音乐小杂志序》。

李叔同除加入南社之外，还于1912年4月参与组织过一个小型的文艺团体"文美会"，这实际上是南社下的一个小型文艺社团。成员皆系南社中人，也大多是《太平洋报》

的职事者，会址设在报馆之内。成立之初，本拟每月例行集会，因诸事纷忙，只在 5 月举行过一次。会刊系李叔同独自编印，内容为书画印章之类，只限内部传阅。会员之外，参与者还包括吴昌硕、陈师曾、黄宾虹等驰名天下的艺术家。半个月之后，"文美会"并入由高吹万、姚石子等人发起的"国学商兑会"，以收集古今书籍、刊刻珍本、保存国粹为旨，编辑出版过十八集《国学丛选》。李叔同在其中发表过几篇诗文旧作。

立身为教

1912 年 8 月，李叔同应经亨颐之邀，辞去《太平洋报》业绩斐然的编辑工作，前往杭州担任浙江两级师范学校的音乐和美术教师。

经亨颐，字子渊，号石禅，浙江上虞人。1902 年留学日本，专攻教育，曾加入同盟会和南社。回国后参加筹建浙江官立两级师范学堂并任教务长，1913 年该校改名浙江第一师范学校，经亨颐继沈钧儒之席担任了该校校长，同时还兼任浙江省教育会会长。针对当时流行的职业教育，他广采博引国内外先进教育思想，主张学校不仅要传授书本知识和谋生技能，更要提倡人格教育，注重学生在德育、智育、体育和美育上的全面发展。在教学方法上，提倡"自动、自由、自治、自律"，强调以学生为本位，同时要求教师必须有高尚的品格，反对那些以教学为个人生计之方便、以学校为栖身之所的庸碌之辈。此外，他还力主活跃学术空气，丰富课余生活，使浙一师很快成为国内一所师资雄厚、设施完善而管理有方的名校。许多著名人士都先后在这里任过教，如钱均夫、鲁迅、马叙伦、夏丏尊、姜丹书、陈望道、刘大白、单不庵、叶圣陶、朱自清、俞平伯等。后来的"五四"运动期间，浙一师与北京大学遥相呼应，成为江南新文化运动的一个中心。

经亨颐对李叔同的才华与成就以及高尚的品格心仪颇久，特别为李叔同的到来准备了在当时同级别的学校中最先进的专用教室。美术教室有三间，一间用来讲课，一间存放从日本购买的各种石膏模型等画具，一间则是写生专用。写生教室特别设在二楼，摆放着三十多个画架，墙上挂有许多世界知名画家的相片和名画。由于李叔同对写生教室的光线要求很高，屋顶开有天窗，用玻璃代替瓦片，玻璃下还有可以自由移动的布幔，教室一侧高敞的玻璃窗也配上了长长的落地窗帘，用来调节光线，便于学生体会光线的变化效果。音乐教室则是在校园内单独修建的，四面都装有玻璃窗，里面配备着两架钢琴和五十多架风琴。

李叔同的教学不仅严谨认真而且别开生面。他在上课之前就先从学生册上了解学生，第一次见面便能准确叫出学生的名字。他提前一学期将课程仔细设计好，在教学中使理论和实践相结合，然后根据第一学期的教学实践总结和改进，并撰写相关的教学资料。他教画时，会把美术概论、美术史、画家评传、佳作分析、具体技法等有机结合，并带领学生到大自然里去学习。教音乐时，他会结合音乐史介绍作者，并教会大家赏析其艺术特色。李叔同很注重学生的资质和学习进程，会根据每个学生的情况作专门辅导，并成立相关的团体举行艺术活动。他不仅为学生们在西泠印社的柏堂举行了一次音乐会，而且从1915年起开始，常将学生创作的铅笔画、粉笔画、传统的水墨画、西洋的水彩和油画，连同他自己的作品，拿到杭州平海路浙江省教育会和西泠印社展出。直到1919年5月，已出家的叔同为了给学生支持和鼓励，还欣然接受桐阴画会的邀请，参观与指导当年在省教育会的画展。

李叔同教学期间，其他学校里最被忽视的图画与音乐两科，却成了他的学生们最受重视和喜爱的功课。1914年5月，黄炎培到浙一师参观时便作出了这样的评价："其专修科的成绩视前两江师范专修科为尤高。主其事者为吾友美术专家李君叔同也。"

两江师范是现在东南大学和南京大学的前身，1902年由张之洞奏请设立，初名为"三江师范学堂"，1905年后改称"两江优级师范学堂"。同年，晚清著名学者和教育家李梅庵入主该校，奏请依国外师范艺术教育设科之通例，开设艺术课目的教学，次年得准施行，开设图画手工科，成为中国最早设立艺术专科的高等学堂，对于中国美术教育事业和新美术运动，起着重要的拓荒和奠基作用。辛亥革命后两江师范暂时停办，1914年复校后，改称南京高等师范学校（以下简称南京高师），校长江谦特地聘请李叔同前往任教。叔同在其执教时间近两年，后来终因不堪两地奔波往返的劳顿，停止了在该校的兼职工作。

《浙江文史资料选辑》第二十一辑里冯蔼然《忆潘天寿》文中写道："图画课既全由李叔同老师安排，占学时不能太多，而所有石膏素描、速写、水彩、油画等，全属西画系统。李叔同老师本兼南京高师、杭州两级师范两校美术、音乐，又是诗词、篆刻等课外研究组织的台柱，南社、西泠印社的健将，晚年德行，为全校师生所同钦。"

《白阳》是"浙一师校友会"出版的杂志，从组稿、编辑、文字的抄写到刊物的石印都由李叔同负责。全书分为文集、说部、词、曲、谈丛等八个栏目，风格与《音乐小杂志》有几分近似，文字以刚劲清秀的魏碑体楷书写成。除了经亨颐、夏丏尊等人的少量作品外，其余多是叔同以息霜之名发表的作品，有《白阳诞生词》《音乐序》《西湖夜游记》《春游》《近世欧洲文学之概观》《西洋乐器种类概说》和《石膏模型用法》等篇。由于《白阳》杂志只出了一期，《近代欧洲文学之概观》作为我国较早系统介绍西方文学的一篇专论也只发表了第一章，介绍的是近代英国文学，包括湖畔派诗人华兹华斯与柯尔律治，浪漫派诗人拜伦、济慈、雪莱，然后是小说家司各特、勃朗宁、狄更斯、萨克雷等人，内容为他们的代表作品与文学地位。《西洋乐器种类概说》是国内最早系统介绍西洋乐器的文章，按顺序分别介绍了弦乐器、管乐器和打击乐器，并附带述及乐器的音域表、定弦法、演奏姿势和相关历史等内容，附有精致的乐器图。与《音乐小杂志》一样，《白阳》杂志同样是一份具有历史价值的文艺刊物。

夏丏尊是近代中国著名的文学家、教育家和出版家，浙江上虞人，小李叔同六岁，本名夏铸，字勉旃，后改字丏尊。他是李叔同一生中最为亲密的朋友之一，曾留学日本，回国后执教浙江两级师范学堂，开始了长达二十多年的教育生涯。20年代后期开始从事出版工作，任上海开明书店总编及所长十余年，出版了大量中外名著，同时又编辑发行各种进步报刊，影响深远。其中《中学生》杂志便哺育了一代青少年的成长。夏丏尊如是评价李叔同："李先生教图画音乐，学生对图画、音乐看得比国文、数学更重。这是有人格做背景的缘故。因为他教图画、音乐，而他所懂的不仅是图画、音乐；他的诗文比国学先生的更好，他的书法比习字先生的更好，他的英文比英文先生的更好……这好比一尊佛像，有后光，故能令人敬仰。"

李叔同教学很得人心，却并不善于言辞，有时说话还会有脸红和轻微口吃的现象，但他的态度却总是十分和蔼可亲，总是在上课铃响之前进入课堂，也从来不会用责骂的方式对学生。学生课堂上有什么过失，他并不当即指出来，等到课后才把学生留下或是带到自己的房间里，和颜悦色地开导，说完后还会对该生鞠一个躬。丰子恺在《李叔同先生的教育精神》里提到一个学生说："我情愿被夏木瓜（夏丏尊）骂一顿，李先生的开导真是吃不消，我真想哭出来。"李叔同另一弟子傅彬也回忆说："先生的仪态，平静宁谧，慈和亲切，但望之却又庄严可敬……在他高尚的人格和深邃的艺术的熏陶之下，全校四五百个学生，凡是怀有艺术天才的，他们的天才无不被充分发挥出来了。"李叔同在执教的几年时间中，培养出来了大批的优秀人才，如：音乐教育家刘质平，美术教育家吴梦非、李鸿梁，文学家曹聚仁、蔡丏因、黄寄慈，画家丰子恺、潘天寿、沈本千，等等。

为师为父

丰子恺说："李先生的人格和学问，统制了我们的感情，折服了我们的心。他从来不骂人，从来不责备人，态度谦恭，同出家后完全一样；然而个个学生真心地怕他，真心地学习他，真心地崇拜他。我便是其中之一。"

丰子恺是浙江崇德县（今桐乡市）石门镇人，近代中国著名的散文家、画家。1914 年丰子恺十六岁时考入浙江第一师范学校，第一年是预科生，第二年开始上李叔同的课，也就在那时他才知道伴着自己成长的那首《祖国颂》乃是先生所作。丰子恺自幼极爱绘画，幼时已是家乡颇有名气的小画家。李叔同鼓励丰子恺要坚持走下去，依靠他的天资与勤勉，日后定然会在绘画方面大有作为。丰子恺后来回忆说，先生的这几句话决定了他的一生。

李叔同宿舍的案头上有册明儒刘宗周所著的《人谱》，这是一本汇集古贤嘉言懿行的著述，封面上有他亲笔所写"身体力行"四个字。有一次，叔同把丰子恺和几个学生叫到他房间谈话，翻开《人谱》，指着其中的一节文字让大家看："唐初，王、杨、庐、骆皆以文章有盛名，人皆期许其贵显，裴行俭见之，曰：士之致远者，当先器识而后文艺，勃等虽有文章，而浮躁浅露，岂享爵禄之器耶?"叔同用浅白的语言解释说，器识相当于道德与人格，"先器识而后文艺"是说人应该首重人格的修养，其次才是文艺的学习，更具体地说，要做一个好的文艺家，必须首先做好一个人。丰子恺觉得先生的这番话似乎是特别说给他听的。李叔同出家前，这册《人谱》便送给了他。

1917 年后，李叔同启发丰子恺留意日本画坛的情况，建议他读一些日文的艺术理论著作，并开始教他学日语。1921 年春，丰子恺开始了十个月的日本游学生活，四处观摩游学，买了许多书籍，听了许多音乐会，看了许多画展。他从明治末期著名画家竹久梦二的作品中受到很大启发，此后终于走上了漫画创作的道路，没过多久即成为知名的大艺术家。

近代中国著名的音乐教育家刘质平比丰子恺大两岁，也比他早两年进入浙一师。刘质平说他与李叔同"名虽师生，情深父子"。和丰子恺一样，他也是一个痴迷于艺术的学生，对音乐有着极浓厚的兴趣。由于沉迷于音乐，他在浙一师就读的时候，其他的功课大都不及格，幸有李叔同为他说情，经亨颐又是个开明的校长，才得以顺利完成在校的学业。刘质平极富音乐天分，入校未及半年便已开始尝试自己作曲。叔同对此十分欣赏，并不遗余力地帮助刘质平，不仅每周特抽出两次的时间单独为他辅导，还介绍他到鲍乃德夫人处练琴。在叔同的精心指点下，刘质平很快成为浙一师音乐成绩最好的学生，并于1916年夏毕业后留学去了日本。

刘质平在日本期间，李叔同一直与他保持着书信往来，关注着他的生活和学习，用自己过去留学日本的经验，给他种种建议，并开导和鼓励他。刘质平初到日本便感受到日本人对中国留学生的轻视，为此十分愤慨。李叔同回信鼓励他奋发精进，用自己的成绩说话，为国人吐一口气。针对刘质平耿直狷介的性情，又特别叮嘱他：宜重卫生，俾免中途辍学；宜慎出场演奏，免入之忌妒；宜慎交游，免生无谓之是非；勿躐等急进，勿心浮气躁。1917年初，刘质平感到了深入学习的困难，一向心高气傲的他为此颇为沮丧。李叔同在信中宽慰他愈学愈难本是进步的表现，不需以此为忧，又特为叮嘱他"务实循序"四字，并说，交友无须勉强，宁无友，也不可交寻常之友，以免浪费时间和精力。

刘质平到日本的第二年，留学经费发生了困难，烦恼之余甚至想到自杀。李叔同此前从未做过求告于人的事，闻知此事后，不惜违反平日处世和做人的准则，多方为之筹措，想尽一切可能的办法。最后，叔同决定从自己的月薪里拿出五分之一供给其作学费。叔同当时每月的薪水为一百零五元，是他当时全部的经济来源，天津与上海两地的家人皆有赖于此。他将薪水作了安排，上海家用四十元，天津家用二十五元，挤出二十元来资助刘质平，与他自己每月生活的全部费用相同。为提供这份无偿资助，叔同在信中还明言三点：（一）这是基于师生情谊的馈赠，并非是借贷，将来不必偿还；（二）不得将赠款之事告知第三者，即便是对刘质平自己的家人，也万不可提及；（三）赠款期限以刘质平毕业为准。

其时李叔同对佛教的兴趣已经日益浓厚，开始有了出家的念头，并已着手为此作各方面的准备。为了让刘质平安心学习，他在信中一再表示将践守自己的承诺，务必使他完成学业为盼，甚至不惜为其推迟自己拟定的出家时间，帮助学生渡过难关。在李叔同的关怀和资助下，刘质平才得以继续坚持自己在日本的学业，而他也终于没有辜负老师的期望，后来成为一名出色的音乐教育家。

李鸿梁，字孝友，浙江绍兴人，近代山阴四大画家之一，师从过李叔同，也师从过鲁迅。1915年夏，叔同兼任南京高师时，要携日籍夫人回日本探亲，便推荐年方二十一岁的李鸿梁到南京代课。叔同素知他生性憨直，锋芒太露，赠其一联："拔剑砍地，投石冲天"，另有一幅横是"豪放"，旁书七绝一首。叔同还写了很关切的信，劝他不必倚才使气，锋芒外露，要和光同尘，既保留个性，又为世所容。

李鸿梁当时还未毕业，从未上过讲台，颇是忐忑。李叔同详细为他介绍学生程度、学习要求、课程进度等有关情形，并将自己的一串钥匙给他，每一把的用途说得都十分明白。叔同叮嘱李鸿梁要尊重同事、学生与工友，并分别给江谦和韩亮侯写信请他们照顾。为鼓励李鸿梁，叔同送了他一把日本制的绢面折扇，一面临了《龙门十二品》内的三种，另一面临《天发神谶碑》。另外李叔同还送了他一个刻有面具的日本三脚瓷杯，并在李鸿梁出发时亲自送他上火车。

曾任浙江钱塘书画研究社副社长、浙江省文史研究馆馆员的沈本千于1918年入学浙一师。他入校前曾师从民间的一位画师学国画，入校后开始对写生产生兴趣，但又觉写生之法似与国画传统冲突，为此不能自决。是年秋，沈本千在同学的建议下，特去西湖边的虎跑寺，向出家未久的李先生请教。那时的李叔同虽已不复以文艺之事介怀，但得知学生为此甚为苦恼，便细心地给予解说劝慰。叔同说中国画注重写神，西画重在写形。除了各自使用材料不同，中画常在表现形象中注重主观心理的表达，即"写意"；西画则从写实的基础上，追求形象的客观准确。李叔同认为，国画的"丈山尺树，寸马豆人"不若西画的透视法，"石分三面，墨分五彩"也不如西画的阴影、光线、色调各有科学的根据。因此，他鼓励学生说，时代在不断进步，新生事物层出不穷，应该多多吸取新的养料，学习新的技法。

为此，沈本千受益匪浅，至毕业后仍继续研习书画。三十五岁后专攻山水、墨梅，其作品挺秀、明净、抒情。他的创作中，有关佛寺山水甚多，《弘一法师云游图》是其代表之作。后成为在书法、篆刻、诗词等方面颇有建树的艺术家。

艺术创作

李叔同从日本回国教学到他出家前的这七年左右的时间，是他在艺术创作上的一个重要时期。他不仅仅培养了大批的优秀学生，在歌曲、书法、金石和绘画方面的创作更可谓成绩斐然。

作为音乐教师，李叔同又开始了音乐方面的创作，尤其是致力于歌曲的创作。他存留于世的歌曲约七十首，其中三十多首都作于这一时期，歌曲的质量也比前期有了明显的提高，不少脍炙人口的作品直至今天还广为传唱，深受国人的喜爱。

李叔同一生的歌曲创作多为选词谱曲、选曲配词、选曲填词、作曲作词等形式。任教音乐后，他自行谱曲的歌曲都作于这一时期，其中还包括他为任教的两所学校编曲的校歌（作词者分别为夏丏尊和江谦）以及出家后的两首歌。不过，他的很多歌曲依然是选曲填词，所选曲子都是欧美各国流行的通俗名曲，曲调优美动人，清新流畅。李叔同不是把原曲直接照搬过来，而是在中文歌词的基础上精雕细琢加以匹配。他最有名的歌曲《送别》选用的是美国通俗歌曲作家奥德威所作的《梦见家和母亲》的旋律，叔同删去了原曲中的变奏与装饰性的切分倚音，使乐曲显得更为简洁流畅，便于传唱：

> 长亭外，古道边，芳草碧连天。
>
> 晚风拂柳笛声残，夕阳山外山。
>
> 天之涯，地之角，知交半零落。
>
> 一瓢浊酒尽余欢，今宵别梦寒。

这首流芳千古的《送别》在经历过岁月的变迁后依然经典不衰，其中歌词部分所散溢出来的那一缕淡淡的愁绪与伤感，即使无曲吟来也是离愁牵怀，让人唏嘘扼腕。它似一幅浅淡朦胧的水彩，明明看见古道长亭那处的芳草翠碧连天，明明听见晚风和拂柳枝儿间歇地伴了笛声飘在夕阳那端的山外山，明明知道君去后你我分别在天之涯地之角，心底深处的那份知交啊，挥手在云水间，一半随君去了，一半随花随水随风零落了。什么醉笑陪君三万场，不诉离殇？这夜的寒啊，唯有这夜的寒，只在这一别，一瓢浊酒交饮，荡尽以后所有的快乐时光。淡然唱来，也淡然远望，幽幽地让人心底里泛起往昔的情意，有些水彩画旧去的感伤，也有些彩色世界里的无声黑白。人去，情堪？只望夕阳处，一丈槛，几株竹竿。

　　姜丹书说他"通四国文字，除国文外，精日文、英文、意大利文，当然于国文之造就最深"。李叔同不同于很多歌曲作者，他不仅仅对乐曲有自己独到的见解，还在作词上有得天独厚的传统中国文学的功底和悟性，这是李叔同永远屹立在乐坛最为重要的原因之一，他的作词或者填词几无分辨地都是极佳之作。他所作三声部合唱歌曲《春游》创作于1913年，是目前所知的我国最早的一首合唱歌曲，同样也是不仅乐曲优美，歌词也清丽婉转：

　　　　春风吹面薄于纱，春人装束淡如画，

　　　　游春人在画中行，万花飞舞春人下。

　　　　梨花淡白菜花黄，柳花委地芥花香，

　　　　莺啼陌上人归去，花外疏钟送夕阳。

　　另一首《早秋》，歌词具有同样的风格：

　　　　十里明湖一叶舟，城南烟月水西楼。

　　　　几许秋容娇欲流，隔着垂杨柳。

　　　　远山明净眉尖瘦，闲云飘忽罗纹绉。

　　　　天末凉风送早秋，秋花点点头。

　　对于歌词的写作，李叔同虽仍然沿袭着昔日创作《隋堤柳》时的那种"仿词体"的思路，但在形式和语言上，更为活泼自由，在注重典雅清丽的同时，也更为流畅自然：

喜春来日暖风和，园林花放新莺啼。

喜春来日暖风和，园林花放新莺啼。

听花间清音百啭：呖呖呖呖。

听花间清音百啭：呖呖呖呖，呖呖呖呖呖呖，呖呖呖。

——《莺》

一帘月影黄昏后，疏林掩映梅花瘦。

墙角嫣红点点肥，山茶开几枝？

小阁明窗好伴侣，水仙凌波淡无语。

岭头不改青葱葱，犹有后凋松。

——《冬》

五日一风，十日一雨，太平乐利剩多黍。

谷我妇子，娱我黄耇，欢腾熙洽歌大有。

年丰国昌，惟天降德垂嘉祥。

穰穰，穰穰，穰穰！岁复岁分富康。

——《丰年》

金谷园中，黄昏人静，

一轮明月，恰上花梢。

月圆花好，如此良宵，莫把这似水光阴空过了。

英雄安在，荒冢萧萧。

你试看他青史功名，你试看他朱门锦绣，

繁华如梦，满目蓬蒿！

天地逆旅，光阴过客，无聊！

倒不如闻非闻是尽去抛逍遥，

倒不如花前月下且游邀，将樽倒。

海棠睡去，把红烛烧，

荼蘼开未，把羯鼓敲，

教天上嫦娥将人笑。

——《春夜》

正日落秋山，一片罗云隐去。

万种情怀，安排何处？

却妆出嫦娥，玉宇琼楼缓步。

天高气清，满庭风露。

问耿耿银河，有谁人引渡？

四壁凉蛩，如来相语。

尽遣了闲愁，聊共月华小住。

如此良宵，人生难遇。

寒蝉吟罢，蓦然萤火飞流。

夜凉如水，月挂帘钩。

爱星河皎洁，今宵雨敛云收。

虫吟侑酒，扫尽闲愁。

听一声长笛，有谁人倚楼？

天涯万里，情思悠悠。

好安排枕簟，独寻睡乡优游。

金风飒飒，底事悲秋？

——《秋夜》

看明湖一碧，六桥锁烟水。

塔影参差，有画船自来去。

垂杨柳两行，绿染长堤。

飐晴风，又笛韵悠扬起。

看青山四围，高峰南北齐。

山色自空濛，有竹木媚幽姿。

探古洞烟霞，翠扑须眉。

霁暮雨，又钟声林外起。

——《西湖》

几日东风过寒食，秋来花事已阑珊。

疏林寂寂双燕飞，低迴软语语呢喃。

呢喃，呢喃，雕梁春去梦如烟。

绿芜庭院罢歌弦，乌衣门巷捐秋扇。

树杪斜阳淡欲眠，天涯芳草离亭晚。

不如归去归故山，故山隐约苍漫漫。

呢喃，呢喃，呢喃，呢喃，

不如归去归故山。

呢喃，呢喃……

——《归燕》

纤云四卷银河净，梧叶萧疏摇月影。

剪径凉风阵阵紧，暮鸦栖止未定，万里空明人意静。

呀！是何处，敲彻玉磬，一声声清越度幽岭。

呀！是何处，声相酬应，是孤雁寒砧并。

想此时此际，幽人应独醒，倚栏风冷。

——《月夜》

西风乍起黄叶飘，日夕疏林杪。

花事匆匆，梦影迢迢，零落凭谁吊。

镜里朱颜，愁边白发，光阴暗催人老。

有千金，纵有千金，千金难买年少。

——《悲秋》

较之于此前很多抒发爱国热情的作品，李叔同这一时期所作的歌曲在风格与题材上都有了明显的变化，他更为关注歌曲的抒情与审美性。激情也好，舒缓也好，或寄情山水，或寄情日月，或者只是一个瞬间的灵透，他更多地用文字和乐曲表现他的内心，既是心属的世界，又是现存或无存的意识。所以，在李叔同的一些作品里，我们听见的是似水流年的伤感和喟叹，是宗教超然物外的安静，是与世无争的归隐和踱步红尘的清心，是自我得道方了的前世今生。

李叔同曾经潜心道为，觉凡尘事事养真唯是，只把感恩心思放逐，并以曲词寄之：

> 唯空谷寂寂，有幽人抱贞独。
>
> 时逍遥以徜徉，在山之麓。
>
> 抚磐石以为床，翳长林以为屋。
>
> 眇万物而达观，可以养足。
>
> 唯清溪沉沉，有幽人怀灵芬。
>
> 时逍遥以徜徉，在水之滨。
>
> 扬素波以濯足，临清流以低吟。
>
> 睇天宇之寥廓，可以养真。
>
> ——《幽居》
>
> 仰碧空明明，朗月悬太清。
>
> 瞰下界扰扰，尘欲迷中道。
>
> 惟愿灵光普万方，荡涤垢滓扬芬芳。
>
> 虚渺无极，圣洁神秘，灵光常仰望。
>
> 仰碧空明明，朗月悬太清。
>
> 瞰下界暗暗，世路多愁叹！
>
> 惟愿灵光普万方，披除痛苦散清凉。
>
> 虚渺无极，圣洁神秘，灵光常仰望。

观朝阳耀灵东方兮，灿庄严伟大之荣光。

彼长眠之空暗暗兮，流绛彩以辉煌。

观朝阳耀灵东方兮，灿庄严伟大之荣光。

彼冥想之海沉沉兮，荡金波以飞扬。

惟神，惟神，惟神！

创造世界，创造万物，锡予光明，锡予幸福无疆。

观朝阳耀灵东方兮，感神恩之久长。

——《朝阳》

云瀚瀚，云瀚瀚，拥高峰。

气葱葱，气葱葱，极茏嵸。

苍笀笀，苍笀笀，凌绝顶。

侧足缥缈乘天风。

咳唾生明珠，吐气嘘长虹。

俯视培之垒垒，烟斑黛影半昏蒙。

仰观寥廓之明明，天风回碧空。

漭洋洋，漭洋洋，浮巨溟。

纷曚曚，纷曚曚，接苍穹。

浪汹汹，浪汹汹，攒芒锋。

扬泄汗漫乘天风。

散发䄂云霞，长啸惊蛟龙。

俯视积流之茫茫，百川四渎齐朝宗。

仰观寥廓之明明，天风回碧空。

天风荡吾心魄兮，绝于尘埃之外游神太虚。

天风振吾衣袂兮，超乎万物之表与世长遗。

——《天风》

大地沉沉落日眠，平墟漠漠晚烟残。

幽鸟不鸣暮色起，万籁俱寂丛林寒。

浩荡飘风起天杪，摇曳钟声出尘表。

绵绵灵响彻心弦，蜘蜘幽思凝冥杳。

众生病苦谁扶持？尘网颠倒泥涂污。

惟神悯恤敷大德，拯吾罪过成正觉。

誓心稽首永皈依，暝暝入定陈虔祈。

倏忽光明烛太虚，云端仿佛天门破。

庄严七宝迷氤氲，瑶华翠羽垂缤纷。

浴灵光兮朝圣真，拜手承神恩！

仰天衢兮瞻慈云，若现忽若隐。

钟声沉暮天，神恩永存在。

神之恩，大无外！

——《晚钟》

李叔同于金石之艺一向是情有独钟，自少时便勤业习之，从未间断，青年时期已出版过自己及古今章刻的合集。他先期的印作多带沉厚朴重之风，偶露形拙神逸之趣，汉魏风骨十分明显。他后期的印作受西洋绘画图案形构原则的启发，则多了一个明显的特征，便是非常讲究印文的整体形式效果。

西泠印社是以"保存金石，研究印学"为宗旨的一个团体，吴昌硕为首任社长。它的创立，标志着中国印学发展的一个高峰。我国篆刻艺术，自先秦时代便已盛行。自元以后，由于开始大量使用石质材料，取材和镌刻都更为便捷，流行更广，日益受到文人的喜爱与重视。自明代中叶起，更逐渐形成篆刻之各种流派，其中最重要者为"皖派"与"浙派"。两者同宗秦汉，前者重阴柔之美，后者则重阳刚之气。浙派的主要代表人物几乎都是杭州人，西泠印社自然与其渊源极深。李叔同因为与"南社"友人在杭州的聚会而加入了其中，而后关系十分密切，以至于在他出家之前，将身边收藏的印章悉数赠送给了西泠印社，其中还包括陈师曾、经亨颐、夏丏尊等人的作品。

1915 年 6 月，李叔同在浙一师组织学生成立了一个金石篆刻研究会，担任社长，名为"乐石社"，逐渐成为继西泠印社后杭州又一个著名的金石社团。李叔同撰笔的《乐石社社友小传》中共录社友二十五人，多为杭州知名人士，如经亨颐、堵申甫、夏丏尊、陈伟、费砚、周承德等人。乐石社开展的活动很频繁，当年即汇编社中成员的作品，出版了八部精美的篆刻集，是三十二开的线装本，名为《乐石集》。叔同于次年特别赠寄东京美术学校一套，现仍收藏于该校图书馆内。

南社旧友姚鹓所写《乐石社记》中关于乐石社的成立有简要述及，谓"乐石社者，李子息霜集其友朋弟子治金石之学者，相与探讨观摩，穷极渊微而以存古之作也"。其中对李叔同的描写颇为传神："李子博学多艺，能诗能书，能绘事，能为魏晋六朝之文，能篆刻。顾平居接人，冲然夷然，若举所不屑。气宇简穆，稠人广坐之间，若不能一言，而一室萧然，图书环列。往往沉酣咀嚼，致忘旦暮。余以是叹古之君子，擅绝学而垂来今者，其必有收视反听，凝神专精之度也，所以用志不纷面融古若冶，盖斯事大抵然也。"

几乎同时间里，李叔同在兼职的南京高师也倡导组建了一个与乐石社性质相近的"宁社"，活动也多与金石书画相关。

李叔同的篆刻艺术，上法秦汉古韵，近学皖浙诸家，或深穆古厚，或恬淡清朴，匠心别具而又不失法度。从总体风格而言，他在吸收了皖派的营养时，与浙派更为接近，其佳处实不让于吴昌硕这样的金石大家，更有自己发明的刻具。

李叔同出家后，对于以往诸多艺事不再介怀精心，只在二十年后致一位金石之友的信中言及雕刻之法：刀尾扁尖而平齐若椎状者，为朽人自意所创。椎形之刀仅能刻白文，如以铁笔写字也。扁尖形之刀可刻朱文，终不免雕琢之痕，不若以椎形刀刻白文，能得自然之天趣也。

而李叔同此段时间的书法也更趋成熟。他练字极勤，每日鸡鸣时分即起，执笔临池，数十年不辍。这一阶段他临写的范围更为广泛，周之猎碣、秦之鼎彝、魏晋六朝之摩崖、碑碣、墓志、造像等等，皆潜心习学，尤以秦汉六朝之碑体为基。他此期所写的字，结构稍扁而章法紧凑，沉雄刚健，正是得力于所临的诸多碑体。尤其是北碑中的《张猛龙碑》《张黑女碑》《龙门二十品》《天发神谶碑》和南碑的两大瑰宝《爨龙颜碑》与《爨宝子碑》，叔同受其影响更著。除这些南北名碑之外，先秦《石鼓文》的大篆、秦代《峄碑》的小篆、汉代名碑《张迁碑》的隶体对于他的影响也极深。

这一时期，是李叔同成就极高的书法创作中一个重要的酝酿期，为他出家以后在书法上自创一体的超越作了坚实的准备。夏丏尊、堵申甫、马叙伦等友人都曾收藏有他的临习小册，皆言其功力极深，所临周秦两汉金石文字无不精似。后来，夏丏尊将其中的部分作品汇集翻印，成书一卷，命名为《李息翁临古法书》。

然而作为中国早期西画发展史上的一位大师，李叔同留给世人的绘画作品并不多见，而他的学生和友人却表明他在回国后和出家前没有停止过油画和水彩画的创作。据李鸿梁回忆，他在浙一师学习期间曾见过从上海运来的一只大木箱，里面全是李叔同自己的画作。一位自号"雨夜楼"主人的收藏家，用了数十年的时间收集到李叔同近四十件的油画、水彩画和素描作品，艺术价值极高。李叔同绘画作品少见的原因有两个：一是他在出家之前的绝大部分赠给了北平国立艺术专科学校，曾有窃贼于一雪夜偷走了校藏库内的一批藏品，其中大部分便是李叔同的作品。曾就职该校的台北工业专科学校储小石教授保存的一幅《花卉》，便是作品被窃后次日捡拾到的。二是李叔同出家后一心向佛，唯有书印等艺不断，其他的所有才艺都放弃了。

　　李叔同除了教学绘画外，还是浙一师洋画研究会（原为"桐阴画会"）的主要传播者，介绍西洋美术史，分析名作，作水彩、木炭、油画等示范于学生。1913年他发表在"浙一师校友会"出版的《白阳》杂志上的《石膏模型用法》，较为系统地介绍了这种在国内尚未普及开来的美术教学方法，其中涉及用石膏模型写生教学的优点、模型的收藏方法、写生教室的选定和布置等多个方面，很多细节都来自他教学实践的体会。当学生渐渐掌握了模型写生的技巧后，他又开始将人体写生的训练引入课堂，这在中国的学校里是第一次。

李叔同对现代版画的倡导比鲁迅要早将近二十年。他在浙一师曾组织出版过一本《木版画集》，其中就有他本人的作品，美术家毕克官也据此认为李叔同是中国现代版画艺术的最早作者和倡导者。

李叔同早年便研习国画，这对他后来在西画上的卓越成就和相关教学都提供了极大的帮助。他认为，中西绘画在绘画语言、技法风格乃至思想观念上都存在着明显的差异，但总体上各有千秋，无分轩轾。初习绘画，无论中西，都要经过写形的基础练习。不过对于初学者而言，西画的训练应该更为科学和实用。著名画家、美术教育家吕凤子曾与李叔同在南京高师共事过，他认为，民国以来，是李叔同第一个正式把西洋绘画思想引介进来，进而启发了我国传统绘画的改良运动，是最早学成归国并将所学付诸艺术创作与艺术教育之实践中的第一人，并影响了后来诸多的艺术家。

西子湖畔写因缘

西湖幽美

李叔同虽于1902年因乡试到过杭州，却未曾真正领略西湖的风光。1912年，他在正式就职浙一师前一月，与夏丏尊、姜丹书二人一起夜游西湖，兴奋之余，写下《西湖夜游记》：

> 壬子七月，余重来杭州，客师范学舍。残暑未歇，庭树肇秋，高楼当风，竟夕寂坐。越六日，偕姜、夏二先生游西湖，于时晚晖落红，暮山披紫，游众星散，流萤出林，湖岸风来，轻裾致爽。乃入湖上某亭，命治茗具。又有菱芰，陈粲盈几，短童侍坐。狂言披襟，申眉高谈，乐说旧事。庄谐杂作，继以长啸，林鸟惊飞，残灯不华。起视明湖，莹然一碧。远峰苍苍，若现若隐，颇涉遐想，因忆旧游。曩岁来杭，故旧交集，文子耀斋，田子毅侯，时相过从，辄饮湖上。岁月如流，倏逾九稔。生者流离，逝者不作。坠欢莫拾，酒痕在衣。刘孝标云："魂魄一去，将同秋草。"吾生渺茫，可喟

然感矣。漏下三箭，秉烛言归。星辰在天，万籁俱寂。野火暗暗，疑似青磷，垂杨沉沉，有如酣睡。归来篝灯，斗室无寐，秋声如雨，我劳如何？目瞑意倦，濡笔记之。

经历了大红大紫的喧嚣，也看尽了人世的沉浮，李叔同对杭州对西湖有着净土般的感觉。因此，他刚到浙一师任教，就给友人题赠的扇面上写道："西湖风月好，不慕赤松仙。"他喜欢在杭州淡泊宁静的生活，喜欢这里天然美的悠闲和单纯，日久之后这里逐渐成为他心灵归属的方舟。他后来在陈师曾的《荷花》题跋如是言道："一花一叶，孤芳致洁，昏淡不染，成就慧业……时余将入山坐禅，慧业云云，以美荷花，亦以是自劝也。"

虎跑断食

李叔同一直都很清瘦，在浙一师时因致力教学更辛苦疲劳，于南京高师兼职后，他又在杭州、上海与南京三地之间来回奔波，久而久之，身心倍感疲惫。李叔同曾遇见过一卜者，说他丙辰之年（1916）当有大厄。他体质素弱，自信无寿征，所以在该年初特刻印一方"丙辰息翁归寂之年"，为人写字时常用，甚至连赠给夏丏尊的一幅作品也不例外，至断食后才不再用此印。

1916 年夏，夏丏尊在一本日本杂志上读到一篇文章，大意是说断食乃更新身心的修养良法，可净化灵魂，于身于心皆有禅益，不仅可以用来治疗一些疾病，还可以生出精神上的伟大力量，历史上伟大的宗教领袖如释迦牟尼和耶稣基督都曾实行过。文中还详细叙述了断食的感受与方法。夏丏尊和李叔同谈及此文，说觉得新奇想要试行，却是下不了决心。李叔同很是关切，便借了该书来反复细读，并与夏丏尊交换读后感，说要找机会试一试。

　　李叔同做人做事一向都极为严谨认真，当夏丏尊已经将断食之事忘记后，他却开始为断食事宜作准备，着手向朋友打听哪里有幽静的去处。西泠印社的叶品三是老杭州，向他推荐了西湖边的虎跑寺，说其朋友丁辅之就是该寺的一位护法居士，过去小住一段时日很方便。叔同特地托人去看了一下，果然是清静得很，平日里除了几个住寺的僧人，极少有外人走动。特别是方丈楼下，环境极为幽静。

　　虎跑寺位于杭州市西南大慈山白鹤峰下，唐元和年间，高僧性空禅师云游至此便创建此刹，初名广福院，后改名为大慈定慧禅寺，因寺中有名的虎跑泉而俗称为虎跑寺。1916 年底的寒假，李叔同没有像以往一样回到上海，而是带着平时照料他起居的校工闻玉一起来到了虎跑寺。

　　李叔同在寺中方丈楼下一间面南的僻静寮房里住了下

来，陪侍的闻玉则住在隔壁的一间小屋里。根据杂志上的文章介绍，断食大抵分为三个阶段，预断期、正断期和恢复期，各一周左右的时间。预断期逐渐减少饮食，先粥后汤；断食期，几乎不再进食；恢复期则正好相反，先汤后粥，然后慢慢恢复正常饮食。所以叔同作了精心的准备，除了日间所用的物什如蚊帐、手巾、便器、衣物、纸、笔、书等，还有少量的食物如米、新鲜水果和果干之类，都一一备置周全，并不用寺里的一点东西。

李叔同的断食从十二月一号开始，是预断期的第一日。叔同有每日清晨冷水擦身、日光浴和睡前热水洗脚的习惯，为使精神凝定和避免冷热的过度刺激，他暂停了冷水擦身，减少每天日光浴的时间，睡前洗足用温水代替热水。

断食的第一天，李叔同身体感觉并不太好，夜间咳嗽不止，又多有噩梦，未能安眠。他特别记下了两条断食的经验，一是未断食时应练习多喝冷开水，断食初期改饮冷生水；二是预断期内吃粥或米汤应于微温时食用，不可太热，否则与冷水相混，恐引起腹痛。

第二天的过程，日志中记得最为详细。其中写有当晚曾做一梦，腾跃飞升，足不履地，灵捷异常，旁观者中有两名能说北京话的德国工程师。一人说有如此之技能，可以参加远东运动会，必获优胜；另一人则说练习身体，断食之法最为有效。李叔同便即告诉两人自己正在断食，已经预备两日了。叔同平生实未尝有体育锻炼的经历，忽做此梦，醒后颇感奇怪，自己分析可能是因为腹内空虚，所以才会梦见轻升跳跃之事。

预断期内逐渐减少食物含量，食物为粥、米汤、梅干、橘子、紫苏叶、香蕉、胡瓜等。其时李叔同正患感冒，初行之时，感觉不适，失眠、体痛等症状较常时反略有加剧，至预断期的最后一夜，神经衰弱甚至达到极点，整夜未得安眠。不过，自正断期开始，一切便都逐渐好转，身心开始渐感安乐。

第六日是李叔同断食正期第一日，三时便醒，心跳胸闷，饮冷水橘汁及梅茶一杯。八时起床，手足乏力，头微晕，执笔作字殊乏力，精神不如前日。这天叔同共饮梨汁一杯，橘汁二杯，虽然仍时流鼻涕，但到傍晚精神不衰，较胜昨日，至晚间精神尤佳。"是日不觉如何饥饿。晚有便意，仅放屁数个，仍无便。是夜能安眠，前半夜尤稳安舒泰。眠前以棉花塞耳，并诵神人合一之旨，夜间腿痛已愈，但左肩微痛。七时就床，梦变为丰颜之少年，自谓系断食之效。"

第七日是断食正期第二日。"四时醒，心跳微作即愈，较前二日减轻。饮冷水甚多。六时半即起床，因是日头晕已减轻，精神较昨日为佳，且天甚暖故早起床也。起床后饮橘汁一枚。晨览《释迦如来应化事迹图》。八时后精神不振，打哈欠，口塞流鼻涕，但起立行动如常，午后身体寒益甚，拥被稍息。想出食物数种，他日试为之：炒饼、饼汤、虾仁豆腐、虾子面片、十锦丝、咸口瓜。三时起床，冷已愈，足力比昨日稍健。是日无大便，饮冷水较多。前半夜肩稍痛，须左右屡屡互易，后半夜已愈。"

第八日为断食正期第三日。"十时起床。五时醒，气体甚佳，如前数日之心跳头晕等皆无。因天寒大风，故起床较迟。起床后精神甚佳，手足有力，到院内散步。四时半就床，午后益寒，因早就床。是日食欲稍动，有时觉饥，并默想各种食物之种类及其滋味。是夜安眠，足关节稍痛。"

第九日为断食正期第四日。"是日午前精神最佳，写字八十四，到菜圃散步。午后寒，一时拥被稍息。三时起床，室内运动。是日不感饥饿。因天寒，五时半就床。"

到第十二日，即断食正期第七日。"十一时起床，四时半醒，气体与昨同，足痛已愈，胃部已舒畅。口干，因寒不敢起床。十一时，福基遣人送棉衣来，乃披衣起。饮梨汁及盐汤、橘汁。午后精神甚佳，耳目聪明，头脑爽快，胜于前数日。到菜圃散步，写字五十四。自昨日始，腹部有变动，微有便意，又有时稍感饥饿。是日饮水甚少。晚晴甚佳，四时半就床。"

第十三日开始，是断食的恢复期，期满后，李叔同出山归校。

李叔同断食的具体过程与体验都记录在一篇《断食日志》里，预断期与恢复期分别为五天与六天，正断期为七天。《断食日志》类似于一份详尽的观察日记，写得十分严谨，除了为自己的这一尝试留下纪念之外，他似乎还想用自己的经验为后行者提供一份参考，行文中即有"后人断食者应注意"之类的话。该日志示于夏丏尊后赠与了浙一师的同事堵申甫，并于1947年首次发表在上海佛学杂志《觉有情》七卷上。

皈依三宝

夏丏尊并不知道李叔同断食的事，直到叔同回校晚了两周并给他看了《断食日志》。夏丏尊在《弘一法师之出家》里说："他的断食……据说经过很顺利，不但并无痛苦，而且身心反觉轻快，有飘飘欲仙之象。他平日是每日早晨写字的，在断食期间，仍以写字为常课……笔力比平日并不减弱……自己觉得脱胎换骨过了，用老子'能婴儿乎'之意，改名李婴，依然教课，依然替人写字，并没有什么和前不同的情形。"

断食期间，李叔同与寺中的僧人时有接触，并初次接触了佛家经书，有了从未有过的体验。他的身体较以往安和舒泰了许多，精神上那种难以言说的愉快与喜悦，更有一种全新的境界向他敞开来，仿佛是在无意间找到了他一直在寻找的家园。这种身心灵化有如脱胎换骨的感觉，使他第一次有了宗教的体验，那是与在艺术中的沉醉截然不同的另一种幸福，而伴随着宗教体验一同到来的，便是对于尘俗世界的疏离。他《断食日志》里"愉快""豁爽""畅快""满足"之类词语几乎处处可见，并在断食中刻印一方"不食人间烟火"。

李叔同从虎跑寺归校，写了"灵化"两个大字，隶情篆意楷味兼具，着力浑厚之中既有魏碑风华亦显朴实，较之前书法多了逸气，实为他出家前的巅峰之作。附有题跋，曰："丙辰新嘉平，入大慈山，断食十七日，身心灵化，欢乐康强，书此奉酥典仁弟，以为纪念。欣欣道人李欣叔同。"用印"李息""不食人间烟火"。

"欣欣道人""李欣""李婴"等是李叔同断食后特别为自己取的名号，是其喜用化名的一贯做法，这些名号都寓含着某种意味在内。"欣欣道人""李欣"皆指欣然于道之义，之前与此相应的一个名字是"李息"，息者是指息止于尘。还有一个化名为"李婴"，化用老子"能婴儿乎"之语，义喻自己有如婴儿，获得新生。这种息止于尘、欣然于道的愿望在他断食期间所刻的"不食人间烟火"和"一息尚存"两方印中表现得更为明显，都已开始流露出离俗之念。

马一浮是中国近现代史上一位富有传奇色彩的国学大师，十二岁时应县试便名列榜首，同场竞秀之周作人第三十四名、周树人（鲁迅）第三十七名。他先后留学美国、欧洲与日本，通英、法、德、日诸国语言，攻文学与哲学。归国后，自觉西方学说不足为救国救世之根本，复致力于国学研究。而后迁居杭州，多时在西湖西泠桥之广化寺，其间尽读寺旁文澜阁藏书，写札记备忘百万言以上，国学根柢之深厚求之当世几无与敌者。"九一八"事变后，李顿爵士率国际联盟调查团来华，便去杭州马宅拜访过他。他一生著述宏富，致力于读书、教学，不求显达，与总角好友谢无量被誉为"谢沉马浮"，学界双璧。

李叔同与马一浮在上海时已是旧识，但交往泛泛，直到叔同在虎跑寺断食对佛教产生浓厚兴趣后，两人的交往才逐渐密切起来。1917年底的年假，叔同又以居士身份到虎跑寺学习佛法，马一浮介绍编辑彭逊之前往。叔同与其一见如故，时常相互研究佛教道理。

正月初八，彭逊之叩见了虎跑寺的当家方丈，祈求落发为僧，法轮长老主持了他的剃度仪式，法名安忍。李叔同目睹这一切，大为感动，当即决定要拜寺中的弘详法师为师。

弘详推谢不过，就将自己的师父、当时住在杭州松木场护国寺里的虎跑寺退居老和尚了悟法师，特地请来接受李叔同的皈依。正月十五（1918年2月25日）这天，李叔同正式皈依三宝，礼了悟法师为皈依师，受法名演音，号弘一，真正成为佛门的一名在家弟子。

假期结束，李叔同返校，礼佛茹斋，在室中供上佛像，天天挂念珠念佛经，并与马一浮过从密切。

辞校出家

在李叔同任职浙一师的后二三年，即1916年到1918年，他已经变得深居简出，常常是一下完课就径直走回他的宿舍，很少能在校园里看见他的身影，除了几个挚友之外，也很少见他与他人来往。尤其是这次的虎跑寺皈依三宝，叔同更是把大量的时间用在了研学佛经上。

李叔同既已皈依，出家之事便已成形。3月15日，他在虎跑寺为亡母忌日诵了三天的《地藏经》后，给在日本留学的刘质平的信中说："不佞近耽空寂，厌弃人事。早在今夏，迟在明年，将入山剃度为沙弥。"他之所以在时间上还没有最后确定，只是因为刘质平在日本的资费极为困难。"余虽修道念切，然决不忍致君事于度外，此款（指供刘质平完成学业所需之学费）倘可借到，余再入山，倘不能借

111

到，余仍就职到君毕业时止。君以后可以安心求学，勿再过虑。"对刘质平有了较为妥当的安排后，叔同再致书爱徒，告知出家在即，要他提前返国一晤。刘质平收到来信后，于夏天提早结束自己在日本的学业，返回杭州。后来的时间里，刘质平力效先生并继承其育人不倦的精神，终其一生奉献于中国之音乐教育事业。

至此，决心出家的李叔同已不再有什么顾虑。他在假日或不上课时，便去虎跑寺学习佛典，向法轮和了悟两位长老请益，越发地沉静下来。无论是知交好友还是慕其才华者，在得知叔同意欲出家一事后，都是好语苦口相劝，但他去意已定，并陆续安排好他所有的财产物什馈赠。

李叔同书直幅"南无阿弥陀佛"赠上海城东女校校长杨白民，请之安排刘质平回国的工作。他将上海的家产全部留给日籍夫人福基，身边的一些衣物和日常用品送给了伴随自己多年的校工闻玉。古玩之类一部分送给陈师曾，余者与部分画作送给皖南佛友崔曼文居士，音乐书籍赠给了刘质平，平日用的文具和《南社文集》赠给另一名学生王平陵。他送给丰子恺的除了美术书籍、一套《莎士比亚全集》及几幅书画作品外，还有自己以前的许多照片，以及自己以前所作的诗词歌赋共二十四首、笔录一卷。同时，浙一师的不少同事和学生也都得到他赠予的纪念品。他的绝大部分画作都寄赠予北平国立艺术专科学校。他自己所作和收藏的名家金石作品共九十二钮，全部赠给了西泠印社，印社特在社内石壁之间凿龛封藏。时任社长的叶品三题名"印藏"，并刻题记云："同社李君叔同将祝发入山，出其印章移诸社中。同人用昔人'诗冢''书藏'遗意，凿壁庋藏，庶与湖山并永云尔。戊午夏，叶舟识。"

李叔同专门请来情超手足的至交夏丏尊，赠物与之并正式告别。叔同将昔日装裱成卷轴的朱慧百、李苹香二妓所赠书画扇面二件，题其引首为"前尘往事"，附记："息霜旧藏此卷子，今将入山修梵行，以贻丏尊。戊午仲夏并记。"另在《高阳台·赠金娃娃》一词横幅题跋："戊午仲夏将入山，检奉丏尊藏之。演音。"相赠予夏丏尊的还有来杭后临古碑书法上千张及一块金表。丏尊久劝不得，遂是理解，便随缘而行。

李叔同在提前结束了学生期考后，把三个月的薪水分成三份：一份连同自己剪下的胡须托杨白民交给日籍夫人；一份寄省政府转北平内务部脱俗籍入僧籍，为印花税及手续费费用；一份留作剃度受戒期间的斋资。

李叔同还将出家的决定告知日本的母校（摘自《东京美术学校校友会月报》十七卷一号）：

拜启：

　　仲夏绿荫，惟校友诸君动静安豫为颂。不慧近有所感，定于七月一日入杭州大慈山定慧寺（俗名虎跑寺）为沙弥。寺为临济宗，但不慧所修者净土。以末法众生障重，非专一念佛，恐难有所成就也。寺在深山之中，邮便不通。今系通信处在杭州第一师范学校内，李增荣方。

六月二十五日

李岸　法名演音　号弘一

校友会诸君博鉴

　　李叔同出家前，还特意抽空去了一次嘉兴，持杭州友人的介绍信去拜访当地有名的居士和佛学家范古农。叔同此行的目的，主要是向其征询自己出家以后的方略事宜。范古农建议他出家后可以到嘉兴佛学会来住，因为此间收有藏经，可以潜心阅读，深研律学。叔同接受了建议。

　　1917年春，姜丹书母亲病逝，遂请李叔同为其母书墓志铭。此事牵动叔同对亡母的思念，久未命笔。后来又专心礼佛，拖了下来。但时时想起，早已胸有成章。于是，出家临行前一天深夜，叔同静心沉气，笔随心至，写得工整雄健，稳朴而书卷逸和，署款"大慈演音"，写迄后折笔，红尘从此了了。次日，待经子渊、姜丹书等赶来送行时，只见桌上碑文墨香，旁支断笔，而四周清空干净无尘。留在案上的这一篇哀文，就是李叔同出家前的绝笔了。

为李叔同送行的有夏丏尊、丰子恺等人。夏丏尊有些一厢情愿地认为他只是入山习静，仍是居士，未必就真要做了僧人。相知之情化作反复叮咛，还是老话保重，一片至诚。出校门，叔同便不许丏尊再送。到了大慈山下，叔同也不许丰子恺等人再送。随行的闻玉自打叔同到浙一师起，就一直在他身边照料起居，不管叔同怎样劝说，他都不肯放下身上的行囊，坚持要把先生送到寺中。

入寺时情形，姜丹书这样记载道："入山之日，未破晓即行，故余等清晨赴校送行，已不及，仅一校役名闻玉者，肩一行李萧然随行。及至虎跑寺后，上人易法服，便自认为小僧，称闻玉为'居士'，坐闻玉，茶闻玉，顿时比在校中，主宾易位，已使闻玉坐立不安。少顷跣足着草鞋，打扫陋室，闻玉欲代之，不可；自掮铺板架床，闻玉强请代之，又不可；闻玉乃感泣，不可仰视；上人反安慰之，速其返校。闻玉徘徊不忍去，向晚，始痛苦而别出。"

恭心明志书淡泊

灵隐受戒

杭州自古繁华，一向是佛教氛围极其浓厚的地方。自东晋咸和三年（328）天竺僧人慧理在飞来峰前开山结庐创建灵隐寺以来，香火不断，梵音不绝。吴越南宋皆都于杭州，杭州由此一时成为全国文化与经济之中心。又有吴越钱氏诸王热心奉佛护法，广度僧尼，杭州便寺院林立，最盛之时寺庙多达两千余所。

李叔同幼年时就留下了对佛教寺院的些许印象，因而杭州的美景在眼触心会之后，逐渐被其浓郁的佛教氛围感染。1918 年 8 月 19 日，农历七月十三，相传是大势至菩萨的圣诞，李叔同即依先前的皈依师了悟上人为剃度师，在虎跑寺正式剃发出家了。剃度后的法名法号一仍其旧。不过，剃度只是形式上的出家仪式，只有严格受持戒律，才能真正成为一个舍尘离俗的出家人。9 月下旬，弘一法师移锡灵隐受戒。

千年古刹灵隐寺位于西湖西北的灵隐山麓，传说东晋咸和年间印度僧人慧理初至于此，观其中飞来峰之景而叹："此天竺灵鹫山之小岭，不知何年飞来？佛在世日，多为仙灵所隐。"慧理面山建寺，取名"灵隐"。唐末时期"会昌法难"，灵隐寺遭毁，至五代吴越国时，两次扩建，成为内有九楼、十八阁、七十二殿堂、一千三百余间房屋的大寺，住寺僧众最多时达三千余人，盛极一时，成为当时江南最有影响的佛寺。南宋有"五山十刹"之说，灵隐列五山之次席。清康熙帝曾南巡至此，题"云林禅寺"之匾额。不过这御笔亲题的新寺名，始终也无法代替灵隐之旧名，民间依旧称之为灵隐寺。

弘一法师在灵隐寺期间，受大师父慧明法师住持得益，读了明末高僧蒲益智旭所著的《灵峰宗论》和《梵网经合注》，开始关注起戒律之学。其后，马一浮又送给他两本律学书籍，一本是智旭的《灵峰毗尼事义集要》，一本是明清之际的另一位律学大师见月读体编写的《宝华传戒正范》。

弘一法师剃度不过两月，研读经书，即清醒认知到，要清净持戒，实在是一件极其困难的事。佛门戒律，贵在日日每时每刻的身心受持。眼耳鼻舌身意，唯净心真修方悟其度之真谛。

慧明法师授其三坛，即当时佛教界特有的受戒仪式：初坛授沙弥、沙弥尼戒；二坛授比丘、比丘尼戒；三坛授出家菩萨戒。时为出家者必须受足此三坛大戒，始被公认为合格之大乘出家人。依照佛教的本义，戒律本是佛法戒、定、慧三学之首务，修行之基础，但是佛门中律学废弛已久，晚近之中亦多有不如法之流弊。戒律尚且不明，何论真实修行？弘一法师于中知晓，便起学戒弘律之愿，欲使律学重光于世。

对于弘一法师而言，佛学的广博和深奥才刚刚为他打开大门，不管之前他是如何的翩翩公子才艺风华，或已经问鼎艺术巅峰，此时的他不过也是和他先前教学的学生一样，只有更加严学律己才可以达到他理想的心灵升华，或者说，在艺术的终究之后，他在这个时候才找到真正属于他内心的本源。万源归宗，他知道，律学作为一种文化及心灵的载体的基本规则，对于终极修为的达成至关重要。

嘉兴学法

弘一法师在灵隐寺受戒后回到了虎跑寺，而后不久便去了嘉兴。

嘉兴佛学会设在当地最大的丛林精严寺内。该寺是一座千年古刹，始建于东晋，初名灵光寺，宋大中祥符年间改称精严寺。寺内有十二间石室收藏古刻石经，藏经阁内又藏有各种版本的佛藏万余册，堪称佛门至宝。阅藏诵经，这里确是一个难得的所在。阅藏习律的同时，弘一法师也为这里的藏书做些整理工作。

弘一法师在精严寺刚住几天，便有不少人纷纷慕名前来求取墨宝。以前从不拒人的他一时左右为难起来，自己既已出家，决意诸艺尽舍，唯道是求，这笔墨之缘，已然是俗务戏业，避之犹恐不及，如何还能再做呢？范古农知道后，劝慰他说佛法利生，本有多种随缘善巧的途径，书法又何尝不能成为弘扬佛法的一种方便呢？若能用佛语书写，令人见而生喜，以种清净之因，这不也正是弘扬佛法的一种途径吗？法师听了，不由得胸臆释然。他让人买来笔墨纸砚，先为精严寺书写一副联语"佛即是心心即佛，人能宏道道宏人"。接着写了一些横额条幅，皆为佛号、法语之类，一一分赠予人。他之以书接人，以字弘法，用书法来化导身边之人同入佛法喜悦，即是自此时开始。

1918年暑假期间，夏丏尊探望弘一法师。当时丏尊父亲病重，法师为其写了《楞严经》中的"念佛圆通"章，且加上跋语，详记当时因缘，末后并有"愿他年同生安养，共圆种智"的祈愿。这是他出家后写经之始。

"天涯五友"之许幻园得知好友出家的消息，特意赶到嘉兴，在精严寺里见到了弘一法师。离别多载，两人晤谈甚欢，幻园言其已开始学佛，让弘一法师倍感欣慰，昔日知交，如今更成佛友。临别之时，弘一法师书写"忍辱波罗蜜，无量阿僧祇"一联以相赠。

随后，马一浮应佛学会之邀也来到了嘉兴，开讲《大乘起信论》。《大乘起信论》是中国佛教史上一部影响深远的论典，主要内容是通过对大乘佛教甚深教理的开演，以树立众生对于佛法的坚定信心。弘一法师于佛学上受马一浮之教益良多，常以"大士"相称，这次有机会听他开演宏论，自是每座必躬。马一浮讲完后回去杭州，法师则继续留下来读经。

弘一法师在精严寺住了一个多月的时间，与范古农日益亲厚。马一浮佛学深湛，但仍是以儒门为正统，范古农则是纯粹的佛门居士，他是继马一浮之后第二位在佛学上对弘一法师产生重大影响的人物。范古农受桂柏华、章太炎影响学佛，由《圆觉经大疏》入门，民国初年又习净土，广为众生说法。1918 年依谛闲大师受具足戒，1931 年任上海佛学书局主编，发行《佛学半月刊》，辟佛学问答专栏，后辑为《古农佛学答问》。1935 年任《佛教月报》主笔，讲演《三十唯识颂》《阿毗达摩杂集论述记》《五蕴论》《百法明门论》《摄大乘论》，晚年被选为世界佛教居士林林长。弘一法师对他极为推崇，后来屡称他是自己最为钦服的居士。

弘一法师在精严寺内阅读和整理佛藏时所作的大量标签，留存至今。

华严行愿

杭州海潮寺与灵隐寺、净慈寺、昭庆寺合称杭州四大丛林，1918年底的禅七会请了以通禅理闻名的扬州高旻寺首座法一禅师前来主七。禅七是佛教信众以克期取悟为目的的禅会，为佛门的重要活动之一。马一浮致信弘一法师，要他参加海潮寺打禅七。于是，法师便从嘉兴回到了杭州。

回杭后，弘一法师先是住在杭州艮山门外井亭庵，后改住城内万安桥下银洞桥接引庵。此庵是虎跑下院，由法师之师了悟和尚任住持。不久，弘一法师移居玉泉清涟寺。他时时以生死事大自行警策，极为精进，每日于礼佛、念佛、拜经、阅经、诵经、诵咒等诸佛事外，余暇不足一个小时。

春节后，范古农要来杭讲经，弘一法师函约杨白民来听讲，顺便晤谈。杨白民在玉泉寺见到了弘一法师，并告知日籍夫人福基已回日本。弘一法师听罢无言，尘缘之事于他既已全然放下，只在心中祈愿福基日后一切顺利。他这时已是非佛法不谈，见到友人，自然也希望他们能同沐佛法之光。杨白民深知老友苦心，亦开始学佛。

1919年早春时节，"天涯五友"之袁希濂也来造访。袁希濂数年前曾到杭州任职一段时间，其间常得与李叔同相聚，徘徊于西湖的湖光山色之间，后因调职他地，两人再未见面。不料此次回杭，好友已然出家为僧。同样，弘一法师又劝他朝夕念佛，以求觉悟，并介绍他读一本《安士全书》，说是学佛入门的最好读物。《安士全书》为清代昆山居士周安士所著，广明戒恶从善之理，最后导归于西方净土，在民间流传甚广，备受推崇，被称为"善世第一奇书"。

袁希濂当时公务羁身，案牍劳形，却始终未忘弘一法师的这番嘱托。1926年，他在江苏丹阳县任事期间，终于得获此书，急展披读之下，乃悟学佛不可缓，此后便开始虔诚念佛。

不久后，范古农应杭州佛学会之请，前来开讲大乘佛教中观学派的重要论典。讲学期间，他特地领众前往清涟寺，由监院印心、宝山两和尚陪同来见弘一法师，请求给在家居士开示念佛之法。弘一法师向来敬重范古农，便向他称赞印光长老（时住普陀山），还赠了一部《华严普贤行愿品疏钞》让其携回嘉兴细参，并相约暑假时来杭州佛学会讲此书。

《华严经》是大乘佛教中的一部核心经典，无论在印度还是中国都极受重视，被尊为大乘佛教的"经中之王"。此经较为完整的汉译有三种：东晋佛驮跋陀罗的译本为六十卷，一般称为旧译《华严》，或"六十华严"；唐武周时实叉难陀的译本为八十卷，称为新译《华严》，或"八十华严"；第三种译本系唐贞元年间般若三藏所译，经名译为《大方广佛华严经入不思议解脱境界普贤行愿品》，分为四十卷，习惯上称为"四十华严"，其内容相当于新旧两译《华严经》最后一品《入法界品》的广译，不过在文字和内容上都大为增广，尤其是其第四十卷《普贤行愿品》中普贤菩萨十大行愿和广大愿王清净偈，乃是此译所独有，也是其最为佛教学者所重视者，经常被单列出来加以研习：一者，礼敬诸佛。二者，称赞如来。三者，广修供养。四者，忏悔业障。五者，随喜功德。六者，请转法轮。七者，请佛住世。八者，常随佛学。九者，恒顺众生。十者，普皆回向。

吸引弘一法师关注《普贤行愿品》的，除了这十大行愿的激励，更重要的原因可能与经中的"普贤广大愿王清净偈"有关。这是《华严经》中与净土修行法门相契应的内容，以偈颂的形式重宣十大行愿的要旨，偈言的末尾部分说道："愿我离欲命终时，尽除一切诸障碍，面见彼佛阿弥陀，即得往生安乐刹。我既往生彼国已，现前成就此大愿，一切圆满尽无余，利乐一切众生界。彼佛众会成清净，我时于胜莲华生，亲睹如来无量光，现前授我菩提记。蒙彼如来授记已，化身无数百俱胝，智力广大遍十方，普利一切众生界。"《华严经》代表着大乘佛法教理与行持的最高境界，在这具有总结意味的偈言中，提到了西方极乐净土和阿弥陀佛，对于学佛者而言，这无疑具有强烈的启发意义。

精神升华

李叔同出家成为弘一法师，从民国至今，一直是现代文化界争论和探讨的话题。丰子恺把人生分作三种境界：物质生活、精神生活、灵魂生活。他说物质生活就是衣食，精神生活就是学术，灵魂生活就是宗教。他把人生分成三层楼："懒得（或无力）走楼梯的，就住在第一层，即把物质生活弄得很好，锦衣肉食，尊荣富贵，孝子慈孙，这样就满足了。这也是一种人生观。抱这样的人生观的人，在世间占大多数。其次，高兴（或有力）走楼梯的，就爬上二层楼去玩玩，或者就久居在里头。这就是专心学术文艺的人。他们把全力贡献于学问的研究，把全心寄托于文艺的创作和欣赏。这样的人，在世间也很多，即所谓'知识分子''学者''艺术家'。还有一种人，'人生欲'很强，脚力很大，对二层楼还不满足，就再走楼梯，爬上三层楼去，这就是宗教徒了。他们做人很认真，满足了'物质欲'还不够，满足了'精神欲'还不够，必须探求人生的究竟。他们以为财产子孙都是身外之物，学术文艺都是暂时的美景，连自己的身体都是虚幻的存在。他们不肯做本能的奴隶，决志追究灵魂的来源，宇宙的根本，这才能满足他们的'人生欲'。这就是

124

宗教徒。"丰子恺在谈及李叔同的出家时说："世间就不过这三种人，我虽用三层楼为比喻，但并非必须从第一层到第二层，然后得到第三层。有很多人，从第一层直上第三层，并不需要在第二层勾留。还有许多人连第一层也不住，一口气跑上三层楼。不过我们的弘一法师，是一层一层的走上去的。弘一法师的'人生欲'非常之强！他的做人，一定要做彻底。他早年对母尽孝对妻子尽爱，安住在第一层中。中年专心研究艺术，发挥多方面的天才，便是迁居在二层楼了。强大的'人生欲'不能使他满足于二层楼，于是爬上三层楼去，做和尚，修净土，研戒律，这是当然的事，毫不足怪的。"

依丰子恺所言，弘一法师的出家是从艺术的精神生活升华到灵魂的宗教生活，而且人的灵魂生活是可以超越物质生活和精神生活的。

天水宁静以致远

法缘印光

印度夏季多雨，蛇虫滋生，僧人托钵云游诸多不便，为免杀生，佛寺在这段时间让僧众集体修持，名曰"结夏"或

"结夏安居"。1919年初夏，了悟法师在定慧寺集众结夏，弘一法师由玉泉寺返回大慈山。

结夏是集体生活，整日都是念经、听经、静坐、礼佛。弘一法师在大慈寺结夏时，安忍法师（俗彭逊之）同参。其间，弘一法师从华德法师习唱梵呗，手录《赞颂辑要》一册。梵呗赞颂，源于礼佛之需，常用于讲经宣道、道场忏法、朝课暮诵、无遮斋会等仪式。

寺中有一小黄狗，于7月8日午后一病不起。弘一法师悲悯，请弘详、弘济等七人念《香赞》《弥陀经》《往生咒》。后小犬深呼吸而亡，形色安详，观者感叹。随后法师等送葬于寺边的青龙山麓，事后又写了一篇《超度小黄犬日记》，描写当日情形，文虽平白，而悲悯隐忍之情，溢于文表。

结夏期毕，弘一法师回至玉泉居住，有时也于灵隐挂单几日。昔日共事于《太平洋报》的南社旧友胡朴安相访于灵隐寺中，有诗相赠，意境颇佳：

我从湖上来，入山意更适。

日淡云峰白，霜青枫林赤。

殿角出树杪，钟声云外寂。

清溪穿小桥，枯藤走绝壁。

奇峰天飞来，幽洞幻百尺。

中有不死僧，端坐破愁寂。

层楼耸青冥，列窗把朝夕。

古佛金为身，老树柯成石。

云气藏栋梁，风声动松柏。

弘一精佛理，禅房欣良觌。

岂知菩提身，本是文章伯。

静中忽然悟，逃世入幽僻。

为我说禅宗，天花落几席。

坐久松风寒，楼外山沉碧。

弘一法师看罢，写"慈悲喜舍"横卷相赠以答，并坦言："学佛，不仅精佛理而已。又我非禅宗，并未为君说禅宗，君诗不应诳语。"胡朴安被学者徐珂目叫作"当世之奇人"，善酒通武，任过交通部秘书，当过商人，著作颇多，精通易学与史学诗文，学识渊博，成书六十余。胡朴安闻言知是法师肺腑，自觉羞愧，便持斋读佛。此后他每到杭州，必访谒大师。

与弘一法师同住玉泉的还有程中和居士，曾在二次革命时任过团长，因忽有所悟，来玉泉寺为居士。经其介绍，法师又认识了住在玉泉附近的吴建东居士，三人常在一起探讨佛法。这年冬天，三人共同发心，共燃臂香，结期修净，并依印土天亲大士所造之《发菩提心经论》发十大正愿。

近代净土宗的大德印光大师法名圣量，自号常惭愧僧，擅书法，于兴安双溪寺受具足戒，毕生提倡持名念佛，致力于净土的弘扬，于各地参学。后安单于法雨寺藏经楼，自此驻锡法雨近二十年，潜隐韬晦，专心修行。再其后，广以佛法度人济世，皈依弟子遍于海内外，成为众人景仰的佛教净土宗大师。1920 年春，《印光法师文钞》编录出版，编者致函请序，弘一法师因慕其德欣然题词为赞，这是法师与印光师两位高僧间法缘的开始。其后两人开始有书信往来，而法师导人学佛之时，便每每赞叹印光师的德范，劝读这部文钞。

发心学律

自灵隐受戒以来，弘一法师已发心学律。这年夏天，他在玉泉习律之时，《无常经》引起了他的注意。该经译者为唐般若三藏，共三百字，偈语八十句，透视老、病、死以悟世事无常。法师亡母五十九周年诞辰时，便敬书此经以资冥福。

时至上海的佛学家丁福保正致力于刻印佛经，流通利世，为此请教于弘一法师。法师在给他的信中推荐了《经律异相》《法苑珠林》《诸经要集》三种具有佛学百科全书性质的著作和《南海寄归内法传》之外，又特别赞叹《无常经》，认为此经可作为修净土者之晚课。

1920 年夏，弘一法师欲前往新城贝山闭关修行，精研律宗经典《戒本疏》《羯磨疏》《行事钞》《灵芝记》等。在玉泉寺与弘一法师一起发愿的程中和居士在虎跑接引庵披剃，法名演义，字弘伞。因倾慕弘一法师修为，自愿为其掩关护法。马一浮、范古农、夏丏尊、堵申甫、李鸿梁、蔡冠洛及杭州佛学会诸友等出面办斋饯行。蔡冠洛早年在浙一师毕业，后为上海世界书局总编辑。他虽未得弘一法师亲教，但此会之后，便一世尊崇大师，为大师忠实在家弟子之一。

弘一法师在贝山写成重要著作《无常经》的序文，请上海丁福保出版。丁福保亦是博学，通医学、佛学、日文，并领导中西医学研究会。其著作多达百余种，巨制有《佛学大辞典》《一切经音义提要》《六祖坛经笺注》等，并有藏书五万余卷，后捐之各大图书馆，是对中华文化有贡献的学者。

丁福保曾托弘一法师辑录《法苑珠林》一书，法师因掩关修行，遂荐范古农任编辑。为了排除干扰，法师印了《谢客简》遍寄亲友："敬启者：不慧痛念生死事大，无常迅速。自今以后，掩关念佛，谢绝人事。谨致短简，以展诀别。他年道业有成，或可启关相见，凡我师友，幸垂鉴焉。"

弘一法师严尊律法，过午不食，所以体力消耗过多，营养又差，闭关时更难支撑，时时觉得疲劳乏力，全凭意志力来支撑。而后移至浙江衢州莲花寺，继续精研律宗文籍。这一段时间，法师写经过多，用心过度，印光大和尚即来书劝诫，嘱其写经应知时随宜，无须用心过度，过于认真执着，反以此损碍身心。

弘一法师出家前以艺闻名于世，出家后又以德性服众，所以即使是第一次前往衢州，也是谒者不断。南社旧友尤墨君说："法师的态度如其字，静穆之中，寓温恭之致。他接待往访者常正襟而坐，面呈微笑，眼观若鼻，手捻佛珠，很自然，很谦和。这种态度是任何人都学不到的。""任何性情暴躁的人只要一晤弘一法师，没有不矜平躁释的。凡是接触过他的人都有这样感想。"据尤先生回忆，法师见的最多的是劳动者，次为知识分子，不见官僚。一次，他正请教法师书法之事，有沙弥来说衢州驻军团长已经是第三次求见。弘一法师坚持不见，说他无非是要求一张字，只让沙弥拿了寺中的佛号给他。

此间，弘一法师常给来访者写字，多是经文偈语，尤《普贤行愿品》中四句偈语为多："十方所有诸众生，愿离忧患常安乐。获得甚深正法利，灭除烦恼尽无余。"

1921 年春，弘一法师离开衢州前赠尤墨君《大乘戒经》，还有一幅小手卷，录其近作文章七篇，朱笔点句，句读分明，淡穆清清，若秋水澄潭，与昔日妍丽风华的文风截然不同。

书法写经

弘一法师离开衢州后，先是回到杭州凤生寺挂单。其间，丰子恺要去日本游学，特赶来拜辞。3月5日，与友人陶炳珍、朱章卿在玉泉摄影，并作小记。五天后，弘一法师离杭前往上海。

弘一法师住在上海南市老关帝庙，雅称"护国院"，并在此手书《佛说十二头陀经》，跋云："愿将以此功德，回向四恩三有，法界众生，同离接著，集诸善本，发大乘心，往生西方，速得无上真正之道。"此幅墨迹至今保存在中国佛教协会。

弘一法师俗时之友江谦校长此时巧在上海，听到法师来沪，便专程一会。法师建议他读一读《灵峰宗论》，言之佛儒间实有互为表里的一致之处。江谦依之而行，果觉受益匪浅。十余年后，他在致弘一法师六十周甲的贺诗中还曾提及此事：细读灵峰宗论教，别来旦夕未能忘。千年儒佛相攻案，至是铿锵会一堂。

太平寺中，弘一法师见老友穆藕初。法师将手书《戒香经》《佛说五大施经》《佛说木樵子经》赠与穆居士，尤惜阴撰题记："每经系以赞扬劝修语，并附行人常识数则，简约明显，妙契时机。穆居士特为石印，用广流通，以慰大师弘扬佛法之深心，并尽朋友见闻随喜之至意。谨附片言，以表是经出世因缘。"1964年，丰子恺在上海日月楼再跋："先师弘一上人在家时，精通音乐、演剧、诗文字画，而于书法造诣尤深。出家后屏弃诸艺，独不忘情于书法。常写经文佛号，广结胜缘……"

弘一法师在上海的时日不长，其间还看望了在上海艺术专科学校教书的弟子李鸿梁。李鸿梁的学生知道弘一法师来，皆要求书。弘一法师允诺，但不愿为众人所知。所以李鸿梁派出学生从大门到楼门把守，以防不速之客。事后李鸿梁捧书侍立、法师坐下拍摄照片。

在贝山时，瑞安旧同学林同庄来信说温州山清水秀，气候适宜，藏经甚多，弘一法师心向往之。后来又有居士介绍邀请，弘一法师便又去了温州庆福寺闭关精研释教文籍。

温州东城的庆福寺，俗名"城下寮"，众僧守清规，修净业，为永嘉（温州古称）一大禅林。弘一法师喜其幽静整洁，言愿终老于此。法师离开温州前，书一联惜别："临行赠尔多无语，一句弥陀作大舟。"

这年，弘一法师在家次子李准得子，写信央求赐名，法师以扬善普度为本，为其取名"增慈"。次年即1922年，年初，法师俗妻俞氏病逝于天津，终年四十五岁。法师本欲北上奔丧，无奈北方正值"直奉大战"，未得成行，由文熙率李端送殡。

5月，弘一法师在太平寺中标写北京新近刊行的、由印光法师校订的《往生论注》一部。这是中国净土宗的开祖昙鸾的著作，历来极受重视，可以说，正是由于这部著作，净土法门的信仰与修行才真正开始在中国弘传开来。在净土宗的传统里，这部祖师的论著甚至与开显净土教义的三部核心佛经《无量寿经》《观无量寿经》和《阿弥陀经》相提并论，合称净土宗的"三经一论"。

初夏，弘一法师回到杭州后，又应请为西泠印社写了一部《阿弥陀经》，印社特建弥陀经塔，将其镌刻于经塔石幢之上。

弘一法师出家前便以书法大家闻名，出家后书风有了很大变化，其中，印光大和尚对其有很大的影响。印光在致法师函中说：写经不同写字屏，取其神趣，不必工整。若写经，宜如进士写策，一笔不容苟简，其体必须依正式体，座下书札体格，断不可用。古今人多有以行草体写经者，光绝不赞成。这对弘一法师深有所触，此后他不仅开始重视起写经的书法问题，书札尺牍之间，也力避苟简，注意起结体整肃，落笔分明来。这一转变得到了印光大师的赞许，致信说：接手书，见其字体工整，可依此书经。夫书经乃欲以凡夫心识，转为如来智慧，比新进士下殿试场，尚须严恭寅畏，无稍怠忽。能如是者，必能即业识心，成如来藏，于选佛场中，可得状元。印光还特为指出，写经绝不能用来习练书法，兼欲留其笔墨于后世，因此一定要避免任意潦草，否则纵为善因，于佛法亵慢之罪也不浅。1923 年至 1924 年间，弘一法师写经的风格得以定形，其风格字体趋于方正，笔画丰满圆润，提按顿挫之处皆法度谨严，作品极富美感，令人叹绝。

接受印光大和尚教诲者不止一人，但写经仅弘一法师享名，这是学识、态度等在起作用。

衢州弘法

弘一法师这次温州启关游方，从庆福寺带了一副碗筷随行使用。回到杭州后，即托林赞华居士携回庆福寺。

庆福寺住持寂山大和尚大德厚重，向来尊重弘一法师的修为，亦敬之过午不食之坚韧。当法师欲拜其为师时，颇是愕然。法师言："弟子以永嘉为第二故乡，庆福寺为第二常住，俾可安心办道，幸勿终弃!"遂尊寂山为依止师，终身执弟子礼。寂山大和尚不自安，荐其为宝严寺住持，并言之为师弟。弘一法师终未受，一生不为达名利，不为任何寺院住持，只是弘扬佛法以己任。

杭州灵隐寺结夏，由慧明老法师为众讲解《楞严经》。开讲之日，弘一法师便前往听法。结夏过后，法师再次应德渊上人之请，于1923年9月至1924年4月，第二次移锡于衢州，在莲花寺治律学。

为弘扬净土法门，弘一法师此次在莲花寺期间，书写了大量佛号经偈，广赠有随缘者。受赠者，既有当地居士，也有异地的亲友和门生。仅这一年的阿弥陀佛诞辰这一天，法师便手书佛号四十八纸，分赠衢州诸寺僧众。书写之勤，写件之多，都是弘一法师出家以来所未曾有过的。

衢州博物馆现藏有弘一法师所写真迹一幅，"阿弥陀佛"佛号之下，所书为从唐译《大方佛华严经》中节录的两段偈颂："若人欲了知，三世一切佛，应观法界性，一切唯心造。若见如来者，为得大善利，闻法名生信，则是世间塔。"这可能是现存法师的佛语写件中，最早所写的华严经偈。随着佛法修学的日益深入，《华严经》逐渐成为他最为喜爱和重视的佛经。

与上次来衢州闭关相比，弘一法师与外界的接触较多，凡与弘法利生相关之事，只要他力所能及，无不悉力而为。

来衢州的当月，弘一法师曾移居城内的大中祥符寺住了些时日。法师将诵习的经文、藏经与续藏经全部捐赠城内祥符寺看经会。衢州地方上的佛教徒们组成了佛教会,也请他来主事。

有一次,弘一法师无意间见到青年教师毛世根的书法,生惜才之心,遂主动约见并多次指点其书印之艺。在法师的循循善诱之下,这名青年也开始归信佛法。法师为他取了一个法名"慈根"。

前次来衢州的时候,弘一法师听人数次说起当地有一位隐士汪峻波(字梦空),博览群书,博学多识,文辞书画,无不遍涉,家无蓄资,唯藏书甚富,累帙千卷。法师敬仰,虽不得与之相见,但与之书信交往几多。这一次,二人终得相见,并一见如故,法师后来为其作《汪居士传》(最早发表在1924年《海潮音》第五卷第五期)。传后赞词言:"莲花多隐君子,空谷幽涧,佳蕙生焉。若居士者,混迹市肆,而无改其夷旷之致,斯又难矣。古德谓处动处静,内忘外,其言兹若人之俦乎?"

离开衢州前,弘一法师已经染病,但他仍是不忘叮嘱侄子李圣章代还莲花寺之借资。法师回到了温州庆福寺,虽然疾病缠身,历时三月,尚未痊愈,但其修学并未以此止息,掩关又近一年的时间,完成历时三年编订的《四分律比丘戒相表记》,以楷书工写定稿,后由中华书局影印出版。同时,法师又依高丽藏本校订智旭的《优婆塞五戒相经笺要》,稍

136

事改订，并分章节，指序条贯，以便初学者之用。此外，还编撰了《根本说一切有部毗奈耶自行钞》及《学根本说一切有部律入门次第》这是他研习律学的重要论著。

《四分律比丘戒相表记》是弘一法师律学撰述的代表作，他本人也极为珍爱这部著作，在晚年致刘质平的一份遗嘱中，法师特声明，自己谢世之后，凡开追悼会、建塔及其他纪念之事，皆不可做，因为此类事情对于自己并无任何的益处。如果想要做点事情以作纪念，便请将这部《四分律比丘戒相表记》刊印两千册以供流通。

1925 年春夏之交，弘一法师再次启关云游，前往普陀山礼拜印光大师。弘一法师在普陀后山法雨寺中与印光大师共住了七天，每日自晨至夕，皆随于左右，大师的德范，一行一止皆具慈悲，或语或默无非教化，一一亲历于耳目，熏染于心田，给他留下了极深的印象。

早在 1922 年，弘一法师即致信印光老法师，愿侧弟子之列，印师逊谢未许。次年在衢州莲花寺，他于阿弥陀佛圣诞日在佛前燃臂香，乞三宝慈力加披后，再次上书陈请，仍未得愿，至当年年底再复竭诚哀恳，印光师才感诚意，答应为师。

参礼印光大师之后，弘一回到永嘉，稍事安养。这年五月，弘一法师手书《梵网经》一部，寄赠已年过八旬的艺术大师吴昌硕，吴昌硕老人感慨并作绝句二首为报："昔闻乌柏称禅伯，今见智常真学人。光景俱忘文字在，浮提残劫几成尘。""四十二章三乘参，镌华石墨旧经龛。摩挲玉版珍珠字，犹有高风继智昙。"

第 4 章

自律自达亦自善

苦界梵行无虚浮

生活艺术

1925 年夏秋之际，弘一法师拟经宁波、杭州，再经南京到安徽九华山去朝拜地藏菩萨。不期遇上苏浙军阀混战，交通受阻，法师到达宁波后被迫滞留下来。

夏丏尊这时正在故乡上虞的春晖中学任教，闻知弘一法师行踪，特地前往迎他到上虞白马湖暂住。姜丹书的《弘一律师小传》中曾这样记述法师的清苦行脚之状："时丏尊任教于'春晖中学'，傍湖而居，见其启担，一敝席，草已稀疏零落，欲为易之，不可；一敝巾本白而已变灰，欲为易之，亦不可；且曰：其色虽不白而无害于洁也，尚可用几许年月焉！说罢，便至湖边洗冷水面，夏君心焉恤之而无如何也：供张素食，略用香菇，却之，用豆腐，亦且却之，依其意，只许白水煮青菜，用盐不用油耳，夏君心欲厚之而无如何也。作客犹然，其平日之茹苦，可想而知矣！"夏丏尊在《生活的艺术》一文中，对此有更为详尽而感人的描写。

夏丏尊到宁波去迎请的时候，弘一法师正在七塔寺的云水堂休息。夏君问其路途中事，法师说很好，现在在这里挂单也很舒服等等。云水堂是统舱式的屋子，上下铺，很简陋，共有四五十个游方僧人同住。夏君实在是无从想象这里的舒服，唯有一脸惘然。他在春晖中学里为法师找了间闲置的房间，法师住进之后，他发现法师的行李简单到只有一床很旧的被褥和几件旧衣，洗脸毛巾也破旧不堪。他要替法师换掉，法师执意不肯。

第二天未到午，夏丏尊送了米饭和两碗素菜过来，自己在旁坐了陪他。送来的原本只是些萝卜、白菜之类，但对法师来说却似乎是一顿丰盛的美食，他满心欢喜地吃起来，夹菜时那种郑重其事和专注凝意的神情，让一旁陪坐的夏君见了，几乎流下又是欢喜又是惭愧的眼泪来。

再后一天，另一位朋友送了四样菜来看弘一法师，其中有一样菜盐放得多了些，同席的夏丏尊尝了便受不了，法师却笑着说好。法师的住处离夏丏尊家有一段路，第三日，他对夏君说，以后不必将斋饭从家里送过来了，他自己可以过去吃，且笑着说，上门乞食原是出家人的本分之事。

与故友相聚数日，夏丏尊发现，对弘一法师而言，这世间似乎没有不好的东西。一切都好，小旅馆好，统舱好，破席子好，破毛巾好，白菜好，咸苦的蔬菜好，任一事、任一物，似乎都各有各的妙味。看见法师吃萝卜、白菜时那种愉悦的情景，他不禁感叹，这食物的全滋味、真滋味，怕只有像法师这样的人才能如实尝得到。对照起来，自己的大半生简直可以说是囫囵吞枣地度过了，平日吃饭着衣，何曾尝到过真的滋味；乘船坐车，看山行路，何曾领略到真的风景呢？因而旁人看来的苦，对于弘一法师来说，何尝不是一种安然和喜悦呢？

佛教的智慧教人以平常心来活在当下。禅门中有一则著名的公案，有人问大珠慧海禅师："大师修道是否用功？"师回答："用功。"更问："如何用功？"师答："吃饭时吃饭，睡觉时睡觉。"这和一般人有什么不同呢？慧海解释说，一般人吃饭时不肯吃饭，百种需索；睡觉时不肯睡觉，千般计较，所以不同。佛心禅境原不在于神通玄妙，而是能在平实的日常境遇之中，安然于当下的存在，在一切看似再平常不过的事与物中，体味其不可思议的意义。

因此，夏丏尊把弘一法师出家之后的生活称为艺术化的。真的艺术，并不限在诗里，也不限在画中，而是到处都有，随时可得的，关键在于能有一颗如实观照、细细品味的心。

念佛之理

在上虞住了几天后，弘一法师从白马湖来到了绍兴。

李鸿梁离开厦门集美学校后，应聘来到绍兴五中、五师任教，不久后又兼女子师范校长。浙一师的同学蔡丏因、孙选青都在五师工作。三个学生一起到船埠去迎接弘一法师，也是惊讶于他如此简陋的行装。

李鸿梁请弘一法师到自己在绍兴第五师范学校空置的寝室里住了下来，饭食也由他送去，法师告诉他，所送的斋菜太好，非出家人所宜。

因为周围附小的学生吵闹得很，弘一法师移到城东草子田头的普庆庵，并自名居室为"千佛名室"，住了二十天。他信告俗侄圣章"居上虞绍兴时，与同学旧侣晤谈者甚众，为写佛号六百余叶，普结善缘，亦稀有之胜行也"。临行尚有三百张，分送给三个学生，并嘱分赠予有缘者。

这是蔡丏因第二次见到弘一法师。他想不到一代全才艺术大师会生活得如此俭朴。他在《廓尔亡言的弘一大师》里说："抛撇妻孥，舍弃田宅，还不怎样难，而把多年熏习，具有深造，像他的爱好绘画善奏乐器的习气，也一概抛去，专心一志的求他所希望的涅槃，这决不是一般人所能做得到的。"

蔡丏因当时正在研究大乘唯识学，这是佛教教义中最具哲学思辨性的教理体系之一。蔡丏因请教弘一法师："净土法门宣扬一切众生只要有着强烈而真实的信愿，一心观想阿弥陀佛的功德，一心专念阿弥陀佛的名号，即便是生前造下极重恶业，也能因阿弥陀佛不可思议的本愿之力，得以带业往生于西方极乐净土。佛教也讲究因果，可视作其理性精神的体现，所以从因果论的角度来看，净土宗的教义便似乎是难以解释的。佛经中有这样的本生故事，世尊如来因伤过一只鹰，为此曾受尽苦报，以此表明因果不爽，凡圣一等，纵是世尊如来，昔所造业，也必受其报，何以净土经中又说念佛名号即能令凡夫带业往生净土？这不是自相矛盾吗？"

弘一法师听了，只是微微地一笑，并不答他。后来离开绍兴前往温州之时，法师送了他一幅横批，前面是"南无阿弥陀佛"六个大字，背面抄录了明代高僧蒲益智旭与莲池袾宏的法语，其中有一段文字说道："佛为初机之人，必深谈理性，欲其以理融事，不滞于事也；若为深位菩萨，必广谈事相，欲其以事摄事，不滞于理也。不滞于事，则一事通达一切理，名事理无碍；不滞于理，则一事通达一切事，名事事无碍。"

蔡丐因从这段法语中得到启发，自己先前的困惑是因为迷于玄理而轻视事相所致，念佛之事本即与因果缘起的理则相贯通，清净念佛即是弃恶向善，以此为因，自有相应的清净果报，念佛何曾违于佛法因果之理？蔡丐因觉得，弘一法师是在用这种无言之教给他指出一条拂玄入迹的捷径。所以一有空闲，蔡丐因便跑过去见弘一法师。等到见了面，也无须多少寒暄的言语，往往只是与法师面对面地默然坐着，有时想起人生和佛法方面的问题来想请教，一看到法师真诚的态度，慈祥安宁微笑着的神情，便又觉着一切似乎都已得到了解决。

宣讲律学

弘一法师计划中的九华山之行未果，十一月归返温州。这一年辗转各地，法师身心倍感疲倦，除年底去了趟杭州外，便一直在庆福寺中静养。1926 年三月，已任招贤寺住持的弘伞法师闻讯很不放心，请弘一法师到杭州来调治。弘伞对法师十分照顾，周到至极，法师的身体有了很大起色。在弘伞的殷切挽留下，法师便拟长住一段时日，精研《华严疏钞》。为此，法师特写信给蔡丏因，请释怀念，又通知丰子恺说，年内或不复他适。

《华严疏钞》的流通本多有舛误，流传过程中后人又颇有删节，甚至于上下文义都有不能衔接之处。弘一法师因而与弘伞发愿，重新修订《华严疏钞》。两人分工，弘伞任外护并排版流布之事，法师负责整定、修补、校点诸务，拟用二十年的时间，完成这部巨著的修订工作。法师担心有生之年恐不能完成此事，致信蔡丏因，嘱其将来绍续其业。不过，可能是因此事所需时间精力过大，此后虽略有所尝试，终究没能坚持实行下去。他对此一直引以为憾，1938年，法师听说黄幼希居士有志于此，又曾特地致函赞叹鼓励，并提出若干建议。

至五年前一别，丰子恺一直再未见过弘一法师。丰子恺于1912年早春赴日本游学，十个月后回国，先在春晖中学工作过一段时间，此时正在上海立达学园任教。得知法师在杭，便约了夏丏尊先生同去拜晤。

一同与丰子恺前往的朋友向弘一法师提出关于儒学与佛道的种种问题，又述及其幼时念佛的信心，法师开示说：念佛时，可自己暗中计算，以五句为一单位，凡念满五句，心中告了段落，或念满五句，摘念珠一颗。如此则心不暇他顾，而可专意于念佛了。初学者以这步功夫为要紧，又念佛时不妨省去"南无"二字，而略称"阿弥陀佛"，则可依时辰钟的秒声而念，即以"的格（强）的格（弱）"的一个节奏的四拍合"阿弥陀佛"四字，继续念下去，效果也与前法一样。

丰子恺向弘一法师提起保存在立达书园的《续藏经》一事，便是前年弘一法师在衢州时，为当地佛学会向黄涵之居士请赠的那套。不知何故，衢州方面一直未去领取，夏丏尊和丰子恺都想将它留在立达园中，让学生们也感沐一些佛法的熏习。弘一法师答应了下来，嘱丰子恺给衢州的居士们写封信说明原委。他回房里许久，拿出一张通信地址及信稿来，暂时不顾其他人，同丰子恺并坐，详细周到地教他信上的措词法。丰子恺后来回忆说，他不由得回想起昔日学生时代的情景来，一面低着头，唯唯应诺，同时暗暗地俯眼窥见法师那绊着草鞋带的细长而秀白的足趾，心中生起一种异样亲切的感觉来。

丰子恺回上海后不久，弘一法师因赴江西庐山参加金光明法会要假道上海，又到了丰子恺的家中看望。其间，丰子恺给法师看了他保留的法师的所有照片，有穿背心拖辫子的，有穿马褂的，有穿礼服的，有演京戏的，有演话剧的，还有断食及出家后穿僧装的留影。法师颇有兴味地一张一张翻看起来，一边看，一边为大家说明，脸上带着一丝超然的笑容，倒像是在说别人的事情一样。当时丰子恺一位刚从日本回来的朋友恰巧也在，他是研究油画的，知道法师是艺术界的前辈，便拿出许多画，同他长谈细说地论起绘画来。法师有时首肯，有时表示意见。在丰子恺的印象里，弘一法师出家以后对于这些世事，态度历来是很严谨的，没想到，这次居然会亲自寻到自己家里来，又与人很随意地谈论艺术，不禁很是惊异。

弘一法师此行住在小南门灵山寺，离原来住过的城南草堂不远，又听人说起这附近还有一处讲经念佛的超尘精舍，便在到丰子恺家头一天去这两处看看。不料超尘精舍竟是设在城南草堂，布局还一如旧时，不过装了洋式的窗户与栏杆，加了新漆，墙上添了些花墙洞。他母亲原来住过的房间，现在已经供着佛像，有僧人在那里做功课。"真是奇缘！那时我真有无穷的感触啊。"法师给丰子恺讲述着，说这话的时候，"无穷"两字说得特别长。

第二天晚上，弘一法师要乘船去江西，上午便带了丰子恺等人到超尘精舍看了看，下午又领着他们到闸北的世界佛教居士林中，去看望尤惜阴居士。尤居士见了法师，立时五体投地拜伏下去。居士林的信众们得知弘一法师来访，纷纷围过来，启请法师作开示。辞谢不过，法师开示《在家律要》，主题是居士在家修行的律仪。此次开讲，尤居士速记并发表在1927年4月的《世界佛教居士林丛刊》上：

凡初发心之人，既受三皈依，应续受五戒。倘自审一时不能全受者，即先受四戒、三戒，乃至仅受一二戒都可。在家居士既闻法有素，知自行检点，严自约束，不蹈非礼，不敢轻妄行，则杀生、邪淫、大妄语、饮酒之四戒，或可不犯。

惟有在社会上办事之人，欲不破盗戒，为最不容易事。例如与人合买地皮房屋，与人合做生意，报税纳捐时，未免有以多数报少数之事。因数人合伙，欲实报，则人以为愚，或为股东反对者有之。又不知而犯与明知违背法律而故犯之事，如信中夹寄钞票，与手写函件取巧掩藏，当印刷物寄，均犯盗税之罪。

凡非与而取，及法律所不许而取巧不纳，皆有盗取之心迹及盗取之行为，皆结盗罪。

非但银钱出入上，当严净其心；即微而至于一草一木、寸纸尺线，必须先向物主明白请求，得彼允许，而后可以使用；不待许可而取用，不曾问明而擅动，皆有不与而取之心迹，皆犯盗取盗用之行为，皆结盗罪。

这次在居士林给信众作的开示，便是弘一法师第一次宣讲律学方面的问题了。

广善济世护生画

出关护法

1926 年七月，弘一法师与弘伞法师同赴庐山加入金光明道场。到庐山后，弘一法师初居于牯岭大林寺，后移锡五老峰后的青莲寺。金光明法会期间，书写三百幅经文偈句广赠有缘。法师此次庐山之行写经数种，其中在青莲寺中为蔡丐因所书的《华严经十回向品初回向章》，乃是法师写经书法中的登峰造极之作，佛门泰斗太虚法师推为数十年来僧人写经之冠。

1927 年正月，弘一法师移锡杭州吴山常寂光寺掩关，精研《华严疏钞》。后来法师在致弘伞的信中盛赞道：此书法法具足，如一部佛学大辞典。若能精研此书，于各宗奥义皆能通达（凡上座部佛教论、律、三论、法相、天台、禅、净土等，无不具足）。近数年来，除律学之外，法师用力最勤的便是这部佛学巨著了。

这年春天，北伐军过浙江，社会上有一些激进人士力倡灭佛之事，欲驱返僧尼，毁收佛寺，一时间满城风雨，佛教界顿时陷于存亡危机。在此危急关头，本拟一心掩关修学的弘一法师挺身而出，出关护法。他打听到灭佛说者名单，请当时为他护法的堵申甫代发请柬，相邀他们到寺内一晤。会晤之先，法师备好墨宝若干，相见之时，人赠一纸，各令展读。所备墨宝少于邀请人数，却与前来与会者恰好相符，竟似前知之智。这种巧合颇具神秘意味，使来者气焰消减。与会之际，弘一法师言谈微中，默化潜移。一席之众，默然无语，再无一人提及灭佛之议。

弘一法师为此事又致书蔡元培、经亨颐、朱少卿（时浙江教育厅厅长）等当局人士，指出现代出家僧众，良莠不齐，佛门确实有改革整顿的必要，但是社会人士对于佛门中的情形多有隔膜和误解，若全由彼等来整顿佛教，恐怕难以允当。为此他建议从僧众中选请两人参与相关委员会以"专任整顿僧众之事"，并特别推荐了太虚与弘伞两位法师。信中又提出，对于佛教的改革不应草率一律行事，对于主张服务于社会的新派应如何提倡，主张山林修道的旧派应如何保护，而对那些唯以经忏为事的应赴派乃至于终日无所事事的闲僧之流又应如何处置，都需仔细斟酌。这次佛门危机终于在弘一法师的努力下得以化解。

广善缘缘

1927 年秋天是弘一法师俗兄李文熙花甲大庆，法师意欲回津探访，却因转道上海时津浦路有战事而未能成行，便暂居在丰子恺的"缘缘堂"。

弘一法师去年从庐山回杭，途经上海时，丰子恺请他给自己的居所取名字。法师教他一个有趣的办法，在许多小纸片上写下自己喜欢又搭配得起来的字，把纸片搓成团，放在佛像的供桌上，然后去拈阄，拈到什么就是什么。丰子恺连着两次拈到的都是个"缘"字，这室名自然就定为"缘缘堂"了。弘一法师当即为他写了横额，以后丰子恺无论迁居到何处，都会把这幅装裱好的横额挂起来。

丰子恺请弘一法师住在楼上，自己和家人则住在楼下。法师自出家以来，绝少止息于佛寺之外，这次在"缘缘堂"中却住了有一个来月，着实令丰子恺感到意外的欣喜。用他的话来说，与法师共居的这段时间，成了他日后丰富的回味的源泉了。每天天色将晚的时候，丰子恺便上楼来与法师谈话，谈到夜色完全降临的时候才告罢。谈话结束，法师也就歇息了，他睡得很早，差不多总是和阳光一同睡着的，一向也不用电灯。

弘一法师持律之严，丰子恺早已知道。有一次他给法师寄一卷宣纸去，请书佛号，宣纸多了一些，法师就来信问，多余的宣纸应如何处理。法师认为，这些宣纸既非自己所有，如何处理自当是要问过物主，否则私自使用，便犯了盗戒。另有一次，丰子恺寄回件邮票去，因面值比法师所需的多了几分，法师便把多的几分寄还于他。此后丰子恺给法师寄纸张或邮票，就预先声明，凡有多余的即送与法师。他知道，不如此明确声明，法师是断不会接受的。与弘一法师在"缘缘堂"中朝夕相处的这段日子，丰子恺对这方面的情形有了更深刻的感受。法师每次坐上那把藤椅之前，都要把它轻轻摇动一下，然后才慢慢坐下去。起先丰子恺不敢问，后来见他每次都如此，终于忍不住问起来，法师告诉他，这椅子的藤条之间，或许有小虫伏着，如果突然坐下去，怕要把它们压死，所以要先摇动一下，慢慢坐下去，好让虫子避开。

丰子恺有位朋友是虔诚的基督教徒，弘一法师看了他写的《理想中人》一书后大加赞美，并写横幅"慈良清直"，托丰子恺相赠。后两人相见，丰子恺目睹了一个虔诚的佛教徒与一个虔诚的基督徒共坐欢谈的感人场景，他完全看不到一丝一毫因各自信仰的宗教不同而有所隔碍的情形。真正伟大的宗教，都是导人去恶而向善，教人敞开自己的心灵，以平等和慈爱的心去善待他人。

许幻园得知消息后，多次到"缘缘堂"叙旧，摄影留念，弘一法师皆作小记。为弘法，李鸿梁绘普贤、文殊菩萨像，法师题菩萨名号，姜丹书施彩，由佛学书局影印流通。

著名文学家叶圣陶是丰子恺至交，一直仰慕弘一法师，这次也终得一见。在上海功德林素斋馆，法师微笑着坐在靠窗的一角，悠然地捻着手中的念珠。一同会面的有十来人，叶圣陶坐在法师身边，大家都觉得在这样一位清癯如鹤的长者身边，时光那样恬然，有种难言的美。

因为弘一法师过午不食，所以十一点钟左右众人便开席了。同席的李石岑请法师谈一些关于人生的意见，法师真挚诚恳地说惭愧，没有研究过。叶圣陶想，研究云者，乃是处身在其事之外去观察、思考、分析，像弘一法师这样的人，一心持律，一心念佛，再没有站到外面去研究人生的余暇。他所说的没有研究过人生，便是以此之故吧。确实的，对于年近知天命的弘一法师来说，他的生命已经完全地投入一种宗教信仰的追求，人生此时已不再是一个需要研究的问题，而是一条用来通往彼岸的桥梁了。

斋后，弘一法师带着众人去太平寺见印光大和尚。到了门口，寺役进去通报时，法师从包袱里取出一件大袖的僧衣来，恭恭敬敬地穿在身上，眉宇间异样地静穆。过了一会儿，身躯硕大的印光出来，法师立刻跨步过去，对他屈膝伏，动作异常地安详而恭谨。进得禅房，弘一法师与印光法师并肩而坐。叶圣陶在《两法师》中说："一个是水样的秀美、飘逸（弘一），一个是山样的浑朴、凝重（印光）。"

叶圣陶与弘一法师这第一次相见，也是唯一的一次。法师那种纯任自然的风度，使他终生难忘。在这个纷繁热闹的尘世里，弘一法师像是生活在另一个世界里的人，在他身边，便犹如在一阵清凉的微风里，而他那颗安宁喜悦的心，便可以令人躁忿全消了。

同样，丰子恺在与法师朝夕与共的这一个月里，更真切地感受到了一个佛门高僧的风范，对于这位昔日的艺术恩师何以会皈依佛门也有了更深的理解。

1927年底，丰子恺、裘梦痕二生将弘一法师俗时名曲《朝阳》《忆儿时》《送别》《悲秋》等二十多首，选入《中文名歌五十曲》一书，为国内各级学校音乐教材。

护生画集

弘一法师这次在沪小居期间，还有一件重要的事情，就是决定与丰子恺合作编绘一本画集，用图画和文字的艺术形式来宣扬佛法戒杀护生的慈悲之心。

此书最初拟名为《戒杀画集》，最初所选的题材也有很多都是表现杀生伤生的惨烈之景，弘一法师最初未留意于此，后渐觉有所不妥，因戒杀之义过于褊狭，不如护生之名，含义更为丰富而积极，便决定改名为《护生画集》。

李圆净是印光大师的皈依弟子，他本是富家子弟，素喜资助佛教文化事业，得知弘一法师与丰子恺两人有创作《护生画集》的构想，也欣然加入。三人作了分工，法师编写文字，丰子恺绘图，其他诸如编辑、印刷、出版等事务则由李圆净负责。画集编绘的大体方案定下来以后，法师重归温州。接下来的一年里，除次年进过一次大罗山，法师一直在庆福寺和江心寺中掩关。掩关期间，僧俗师友概不晤见，起先时常通信处也暂停联系，但法师唯独对《护生画集》的编辑工作，经心留意，与丰子恺、李圆净两人一直通信未断。由于各在一方，相关事宜只能通过邮函联系讨论，画集的创作颇费周折。到1928年秋，弘一法师又一次赴上海，为的便是当面详议《护生画集》的编辑工作。

他们编绘《护生画集》的宗旨，是欲"以艺术作方便，人道主义为宗趣"。原本弘一法师拟定的是二十四幅，李圆净说为扩大作品的影响，提议画集出版后拟赠送日本各处，因而有所增加。又经过半年，恰弘一法师五十诞辰，《护生画集》第一册最后便定为五十幅，马一浮作序言，1929年2月由开明书店正式出版。随后，其他佛学书局也纷纷翻印，影响力十分大。

抗日战争爆发后，弘一法师居于闽南，丰子恺避寇内地，为纪念法师的六十寿辰，丰子恺于1938年上半年间开始着手绘作护生画的续集，拟定六十幅画，并于法师生日这天完成所有初稿。由于当时战乱，《护生画集》二集推迟至1941 年 11 月问世。

见到护生画续集的完成，弘一法师深感欣慰，更由此而生起一个心愿，他遂致信丰子恺说："朽人七十岁时，请仁者作护生画第三集，共七十幅；八十岁时作第四集，共八十幅；九十岁时作第五集，共九十幅；百岁时作第六集，共百幅。《护生画集》于此功德圆满。"丰子恺复信："世寿所许，定当遵嘱。"

为践此言，也为报答恩师，丰子恺此后用了三十多年的时间来完成这一功德宏愿。

无上清凉重晚晴

晚晴山房

1928 年农历九月二十日是弘一法师四十八岁生日，恰法师从温州到上海商议《护生画集》的编辑，丰子恺在家中为恩师祝寿。六日后为丰子恺的生日，遂拜师皈依三宝。法师为之取名婴行。

弘一法师准备返回温州前，去居士林拜访尤惜阴，适尤居士和谢国梁居士在收拾行李，说要到暹罗（泰国）弘扬佛法。法师当即表示愿与同往。

从上海到暹罗，途中要经过厦门。12月初，船抵厦门之后，与弘一法师曾有过往的当地居士陈敬贤等人闻讯前来迎接。陈敬贤是著名爱国华侨陈嘉庚的胞弟。

在厦门候船之时，弘一法师身体又有不适，陈敬贤便介绍他到南普陀寺中稍事休养，因而得与性愿、芝峰、亦幻、大醒等法师相识。因寺中诸位法师的极力劝说和热情挽留，弘一法师终于打消了到暹罗去弘法的念头，留在了厦门。

南普陀寺在五老峰南麓，唐建，因在普陀山之南，亦供养观音菩萨，故得名。弘一法师住在叫"关房"的僧舍内，监院觉斌、大醒、芝峰，教师亦幻等，每日必有一二人到关房中闻法师无言之教。

小住之后，弘一法师便到南安小雪峰寺度岁，正月中旬回南普陀寺，住佛学院筱楼上，为时约三个月。佛学院里的学僧虽然不多，但态度与举止文雅有礼，学习也很用功，给法师留下了很好的印象。佛学院的课程设置得很多，时间分配却很少，法师对此提出了一点建议，把英文和算术等课目删掉，腾出时间来加强佛学课的教学，佛学院的师生都很赞成，接受了他的提议。此后，学僧们的成绩果然比以前好得多了。

四月，弘一法师因为担心闽南的天气会很快热起来，由泉州名居士苏慧纯陪同返回温州。途中经过福州，游鼓山涌泉寺，得览该寺所藏《法华经》《楞严经》等，精妙绝伦。更让法师喜出望外的是，检阅藏帙时，意外地发现了一些清初的佛经刻本，特别是鼓山涌泉寺方丈道霈禅师所编纂的《华严经疏论纂要》，实为罕见，法师如获至宝，随即发愿要重印二十五部，十二部赠日本名刹保存。

弘一法师旧识、日本商人内山完造一向热心中日友好，法师《四分律比丘戒相表记》出版后，他曾依师嘱分批寄赠日本一百七十多部。这次法师发愿重印古籍，内山听说只有二十五部，每部约六十册，十分震惊。因为日本大正年间出版的《大藏经》里也未收有此书，足见珍贵。

内山家墙上有弘一法师的书法"一切有为法，如梦幻泡影，如雾亦如电，应作如是观"，深得鲁迅爱慕，并表示以求得弘一法师墨宝为此生幸事。

弘一法师回到温州后，着手为开明书局写字模。原来，当时坊间所用的活字字模，常有字体参差不齐、印成文后行列不均的毛病，法师因此发愿，得暇之时，为开明书店书写一套铜字模，用于刻印佛书。弘一法师坚持了半个月，写了三十页，终于决定放弃此事。原因为："朽人本来发愿写一套铜模字用于弘扬佛法，但仔细考虑，铜模刻成，浇出来的字未必皆印佛书，也没有那么多的佛书刻印，势必还要印别的书籍，有的著作与佛门相悖，如以之排小说之类，更不恰当。又如女部中的一些字，佛家不宜写，不宜想，不宜属目，实为难题。"

此事搁置之后，弘一法师选录了两本格言集，一是从明儒薛文清的《读书录》中选摘戒除身心习气的训言百余条，另一卷则是从清人梁瀛侯的《日省录》中选录的有关警策身心之言。

弘一法师自出家以来，云游苦修，迄无定居。近年来年事渐长，身体状况也大不如昔。尤令法师友人担忧的是，社会上寺院充公之说，仍时有所闻。为此，法师的友人与学生们便想为法师募集资财，筑建一处能长期安养静修的居所。

在友人与学生们的多次恳请下，1929 年 6 月，弘一法师来到上虞白马湖的居所。这是三间平房，依于山麓而建，背山面水，坐北朝南。门前有数十级石阶，一脉清水从不远的白马湖流过来，周围的环境十分幽静，法师为它取名为"晚晴山房"。一旁不远处，是经亨颐、丰子恺、夏丏尊的家。

在弘一法师五十寿诞之际，夏丏尊将其俗时所临各种碑帖辑成《李息翁临古法书》，由上海开明书店出版。

农历九月二十日这一天，弘一法师在"晚晴山房"迎来了自己的五十寿辰。夏丏尊、刘质平、李鸿梁等人共聚于经亨颐的"长松山房"，为法师贺寿。法师当日手写一联，是他幼年时代即喜爱的晚唐诗人李商隐的名句："天意怜幽草，人间重晚晴。"

无上清凉

弘一法师在生日后第三天，与刘质平、徐仲荪等人在白马湖举行了一次放生活动。稍后法师返回温州，开始了他的第二次闽南之行。

闽南佛学院的学僧，比去年多了一倍，有六十多位，管理方面不免感到困难。为协助佛学院院长常惺法师整顿学院，弘一法师特地撰写了一篇"悲智"训语。

弘一法师去年来南普陀的时候，太虚法师正出国传教，两人未能相见。这次海外归来，太虚法师随即开讲大乘唯识学的重要论典《瑜伽真实义品》，弘一法师逐日亲临法席听讲。其间两位高僧还合作编写了一首佛教歌曲《三宝歌》，由弘一法师作曲，太虚法师填词。《三宝歌》发表在《海音潮》上后，开始在佛教界广为传唱，后来还译成藏文，传入了康藏地区。时至今日，它仍是中国最为流行的现代佛教歌曲之一。

弘一法师的第二次闽南之行颇有周折。当时福建各地兵事颇急，各地寺院多为兵士强用。法师正月里在承天寺居住之时，寺中即驻兵五百余人，日日操练，昼夜不宁。返温行程之中，他又被迫与二百多兵士同乘轮船，种种逼迫污秽非言语可以形容，虽强自支撑，而精神上深感损恼。谁知回到温州，庆福寺中此时也有兵士驻扎，每日喧躁不宁，对法师而言，实是莫大的苦恼。他终于难以忍受，旋即离开，在宁波时约了夏丏尊同归白马湖畔"晚晴山房"。

1930年5月14日是夏丏尊的四十五岁生日，他把弘一法师与经亨颐两位老友邀到自己的小梅花屋。蔬食之际，经亨颐回想起昔年来三人同在杭州共事教育的种种往事，借酒浇愁，感慨不已，法师也不禁为之潸然泪下，书《仁王般若经》苦空二偈，劝慰友人。

弘一法师入居晚晴山房后的另一项重要工作是参照天津刻经处新刊的版本，详阅圈点东瀛古版《行事钞记》，订正谬误，并录科文。其间曾应白衣寺之请，于仲夏之时去了趟宁波。几乎同时来该寺的还有从云南云游至此的近代禅宗耆宿虚云老和尚。两位高僧在此不期而遇。

刘质平也到了晚晴山房，是为请法师撰写《清凉歌》。法师为他写了《华严经》偈语："获根本智，灭除众苦；证无上法，究竟清凉。"

自性真常

在弘一法师与丰子恺编撰《护生画集》第一集的时候，应刘质平的请求，法师开始创作一些佛教歌曲。此后，便有了《清凉歌集》。

弘一法师出家次年在虎跑寺习唱梵呗时，即起过撰述佛教歌曲之念，却因多年来致力于修行，一直无暇于此。后来听刘质平说起当时的音乐教育，感叹国内能谱词作曲的人实在太少，市井之间乃至于校园之内，流行的多是些靡靡俗曲，并叹息弘一法师出家太早，没能为世人留下更多优美歌曲。法师听了这一番话，也不禁心中怃然，终于允诺再作歌曲。

依弘一法师和刘质平两人起初的设想，这部主要为艺术专科学校和中小学校的学生编写的歌集将由一百零八首歌曲组成，分为十编，每编十首（第十编十八首），随成随印，陆续出版，待全部歌曲创作完成之后，再依其主题风格等因素重新编印。因为这一计划过于艰巨，所需的时间和精力都太大，法师最终未能真正将其付诸实行。

尽管如此，弘一法师还是尽力地完成了五首歌词，谱曲则由刘质平及其学生完成。谱写、试听和修改曲子的工作消耗了太多的时间，歌集没能如法师预期的在 1930 年下半年面世。时隔六年之后,《清凉歌集》才由上海开明书店正式出版。这部歌集虽然仅收录了五首歌曲,却是四代师资(为其谱曲的分别是刘质平与其三名初传弟子和一名再传弟子)用了七年的时间合作完成的结晶,算得上是中国音乐史上的一段佳话了。

芝峰法师《清凉歌集达恉》言,这五首初看起来似乎没有什么联系的歌曲实是一个有机的整体,其间贯穿着一种内在的联系。每首歌分别表达一个主题,合起来表达一种逐渐深化的宗教思想,具体而言,《清凉》状写清凉水月、物我皆忘、天机流露、万有一体的本初之境,《山色》与《花香》两首显幻境无实,《世梦》明尘心全妄,《观心》一曲则以导人悟人真常为旨归。

清凉月,月到天心光明殊皎洁。今唱清凉歌,心地光明一笑呵!

清凉风,凉风解愠暑气已无踪。今唱清凉歌,热恼消除万物和!

清凉水,清水一渠涤荡诸污秽。今唱清凉歌,身心无垢乐如何!

清凉!清凉!无上究竟真常!

——《清凉》

近观山色苍然青,其色如蓝。远观山色郁然

163

翠，如蓝成靛，山色非变。山色如故，目力有长短，自近渐远，易青为翠，自远渐近，易翠为青，时常更换。是由缘会，幻相现前，非唯翠幻，而青亦幻，是幻，是幻，万法皆然。

——《山色》

庭中百合花开，昼有香，香淡如，入夜来，香乃烈。鼻观是一，何以昼夜浓淡有殊别？白尽众喧动，纷纷俗务荣。目视色，耳听声，鼻观之力分于耳目丧其灵。心清闻妙香。用志不分，乃凝于神，古训好参详。

——《花香》

却来观世间，犹如梦中事，人生自少而壮，自壮而老，自老而死，俄入胞胎，俄出胞胎，又入又出无穷已，生不知来，死不知去，蒙蒙然，冥冥然，千生万劫不自知，非真梦欤？枕上片时春梦中，行尽江南数千里。今贪名利，梯出航海岂必枕上尔！庄生梦蝴蝶，孔子梦周公，梦时固是梦，醒时何非梦？广大劫来，一时一刻皆梦中。破尽无明，大觉能仁，如是乃为梦醒汉！如是乃名无上尊！

——《世梦》

164

世间学问义理浅，头绪多，似易而反难。出世学问义理深，线索一，虽难而似易。线索为何，现前一念心性应寻觅。试观心性，在内欤，在外欤，在中间欤？过去欤，现在欤，或未来欤？长短方圆欤，赤白青黄欤？觅心了不可得，便悟自性真常，是应直下信入，未可错下承当。试观心性，内外、中间、过去、现在、未来、长短、方圆、赤白、青黄。

——《观心》

地藏真子南山孤

专致律宗

1930年10月，弘一法师来到了浙江慈溪白湖畔的金仙寺，《羯磨疏随缘记》《清凉歌集》《华严集联》等便是在此完成。曾与法师在南普陀寺相识的亦幻在该寺领管，对法师的到来十分恭谨热情。

10月中旬，天台静权法师来寺宣讲《地藏菩萨本愿经》，弘一法师至席听讲，两个月中未缺一座。

弘一法师对地藏菩萨的崇敬由来已久，早在他出家之前即已读过此经，对其"地狱不空，誓不成佛，众生度尽，方证菩提"尤为感动。而《地藏经》历来被称为佛门中的"孝经"，每逢地藏菩萨的圣诞，他都会有所表示，在亡母重要的冥诞之日，也多次书写过《地藏经》或地藏忏仪，以此功德，回向亡母。每晚就寝之时，除阿弥陀佛佛号外，法师也常持地藏菩萨的名号入睡。

住在金仙寺边的青年胡宅梵由弘一法师收为皈依弟子，他有意尝试将佛经译成白话文，法师便建议他写一部《地藏菩萨本愿经白话解释》，并嘱他若有困难或觉不妥之处，自己将代为修正。在法师的鼓励和帮助下，胡宅梵于第二年春写成此书，法师为之作序题眉，并建议其将书稿寄给范古农请其细为校刊。

弘一法师这次来金仙寺，还开始了另一个重要的尝试，即是向青年僧人讲授律学，想培养一些青年僧才，以便更好地持续地弘扬律学。

佛门律学，自宋以降，即成冷僻之学。弘一法师第一次讲律的尝试，内容是关于律学中最基本的"三皈""五戒"的要义，课本是他校订过的蒲益智旭所著的《五戒相经笺要》，讲席就设在他所居长室，内挂自书横幅篆文"华藏"，小跋说："庚午积晚，玄人晏坐此室，读诵《华严经》，题此以志。"包括寺主亦幻在内，听讲者只有五人。静权法师恳请听讲，为表示尊重，弘一法师拒绝了。

白湖的冬天极为寒冷，湖面冻冰厚达寸许。由于身体原因，弘一法师只好离开白湖，归居庆福寺。次年正月，法师染上严重的疟疾，稍好后由刘质平护送到上虞，先后在白马湖和法界寺安养。正在病中时，宁波白衣寺方丈兼孤儿院创始人安心头陀来寺请大师去西安弘法，大师推辞不过，决定带病舍生前往，临行前留下遗嘱一张给刘质平。后幸亏刘质平及时赶到，强行将法师从即将起锚的轮船上背回岸上。

1931年二月十五日，是佛祖涅槃日。这天，弘一法师在法界寺中发下宏愿，自此以后，放弃有部律，专心致力于南山律的研究与弘扬。这是法师弘律生涯中的一个重大转折。

佛教戒律在中国的传播，据僧史记载，始于公元3世纪中期。三国魏嘉平年间，印僧昙摩迦罗来到洛阳，见当时的中国僧人只落发而未受戒，即译出摩诃僧祇部戒本，作为受持戒法的准绳。其后印土诸宗派的戒本及广律纷纷传译过来，戒律之学由此而兴。其中《四分律》最受重视，中国传统的律宗便是依于此律而建立。律宗成立于唐代，相州日光寺之法砺开相部律，终南山之道宣开南山律，太原寺东塔之怀素开东塔律。其中，道宣开创的南山律后来成为中国佛教律宗的主流，通常讲到律宗，即是指南山律而言。

弘一法师之弘扬南山律，主要是考虑到其传统性。作为中国佛教律学的主流，南山律也是佛教戒律扎根于中国文化的产物，早已融入以大乘佛教居于主导地位的中国佛教的整体之中，因而更适宜和契合于中国本土的佛教。

但是弘一法师的弘律之路极其艰难，尽管他已早有心理准备。首先是力邀他到五磊寺创办南山律学院的桂芳和尚借办学而图利，此外，法师想请来任律学院院长的安心头陀，因受南传上座部佛教的影响，执意要效仿暹罗僧人实行托钵乞食的制度，与法师的意见也不能相合，办学之事告罢。这件事给了弘一法师不小的打击，直到他亲手装订了一部篇帙颇大的《南山律学丛书》，才稍感安慰。

弘一法师到金仙寺后，主动建议在寺中开讲南山律学。鉴于上次的经验教训，他决定此次开讲律学，相关事务一律从简，不立名目、不受经费、不集多众，只要能尽快将讲学实行起来就行。法师对学生的约束极严，每日讲课两小时，课余时间禁止看书读报，务必集中精力熟读牢记所讲的内容，完全是照他自己当年学律的勤苦方式来要求学生。

然而这次开讲也只进行了十五天，弘一法师便去了伏龙寺。即使崇德与华云两名学僧奉命偕往，准备在伏龙寺中继续跟着弘一法师学习，也仅过了半个月便又回来了。后来法师在致亦幻的信中提到，在白湖讲律之时，未穿大袖的海青，这是有违常仪的。其实在法师讲学的过程里，他也感觉到了自己在授学方面的经验不足。律学本是相当繁复难学的，为了给尚未入门的学僧们讲好课，法师往往要花数倍的时间和精力来作准备，这自然要影响到他同时从事的律学撰述的工作。另外，弘一法师在这次的讲学经历后，更清醒地认识到弘律的艰难。要实现复兴律学的理想，他还需要等待更为适当的机缘。因此，在弘律的愿望比先时愈加强烈的同时，法师也变得更为冷静。接下来的一段时间，他曾接到来自各地数家寺院的邀请，希望他能前往兴办律学院，都被他推辞了。

南山律苑

弘一法师的身体素来不强健，随着年事渐高，体质更趋衰弱。1932年初秋时节，他在上虞法界寺中又染上伤寒，大病一场，身体状况更加堪忧，便希望能到比浙江更为温暖的闽南生活。闽南淳朴的民风和相对安定的环境，以及非常浓厚的佛教氛围，给法师留下了很好的印象。他认为在那里修行和弘法，或能有更好的成果，这也是促使他决定晚年定居闽南的一个重要原因。弘一法师在闽南度过的最后十年是他弘扬佛法，特别是在弘扬律学方面，成绩最为显著的一个时期。

十一月，弘一法师于厦门万寿岩挂单。万寿岩又名山边岩，岩上有寺，寺边松树繁茂，时有松涛阵阵，别有清韵，因得"万寿松声"的美名，为厦门八大胜景之一。寺中了智上人的禅房便在数株古松之侧，法师常与其月下听松，禅房论道，并取晚唐温庭筠《题造微禅师院》诗中名句"看松月到衣"治印一方相赠。在万寿岩期间，法师编辑一册《地藏菩萨盛德大观》。

妙释寺位于厦门百家村，弘一法师先是作了题为《净土法门大意》的讲演，后应寺中念佛会之请，又作了题为《人生之最后》的讲演。寺中有一位叫了识的僧人当时正重病卧床不起，在读了法师的讲演稿后，悲喜交集，遂摒除医药，放下一切杂念，专心念佛。后来了识每日长跪，亢声唱念，见者惊喜。

弘一法师于正月里在妙释寺作了题为《改过实验谈》的讲演，内容为佛教徒道德修养问题。元宵节过后，开始编写《四分律含注戒本讲义》，正月二十一日开讲，二月七日结束。1933年二月十五日，法师在寺中宣讲《四分律含注戒本疏》及其自作之《四分律比丘戒相表记》，开始了系统的律学讲座。三月初九开始在万寿岩向追随之诸学僧宣讲他编撰的《随机羯磨》，至五月初八圆满。律学弟子们深得教益，皆向大师学习，发心过午不食。此间，大师分别作了题为《地藏菩萨之灵感》《授三皈依大意》的讲演。

万寿岩的讲座结束前几天的五月初三，正值灵峰蒲益大师的诞辰，弘一法师为诸学律弟子撰写了一篇《学律发愿文》，同发四弘愿，并为弘扬南山律，另发四愿。

六月，弘一法师应泉州开元寺寺主转物和尚之请，率众至开元寺尊胜院结夏安居。寺僧传贯受命照应法师起居，此后即志愿追随学律，同时作法师侍者。结夏期间，法师宣讲《四分律含注戒本疏》及《四分律随机羯磨》，成立"南山律学苑"。六月七日，作题为《放生与杀生之果报》的讲演。同日，还作了题为《敬三宝》之讲演。到开元寺次月，作《地藏九华垂迹图赞》，全文十颂，讲述了地藏菩萨垂迹的全部经过。七月十一日，弘一法师在泉州承天寺为幼僧作《常随佛学》的讲演，把勤劳的品德灌输给孩子们。月底，依《瑜伽师地论》，录下《自誓受菩萨戒》全文，给法侣们随意在佛前自受。而后，继续编撰《戒本羯磨随讲别录》。八月，法师完成了《四分律行事钞资持记》的圈点，并亲自作跋。九月，在开元寺作《菩萨璎珞经自誓受菩萨五重戒法》，后收入上海大藏经会1957年编印之《普慧藏》。十月，法师游潘山时见晚唐诗人韩偓墓，生出感悟，便搜集大量资料，嘱弟子高文显撰写《韩偓传》，此传三年后完成，法师亲自为之作序，只是不幸毁于日寇战火（1984年，高文显重写本《韩偓》在台北出版）。十一月初，法师完成《梵纲经菩萨戒本浅释》，请瑞今法师代座，于妙释寺开讲。

弘一法师圈点《行事钞》是从 1930 年在晚晴山房开始的，直到这次来居尊胜院两个月后，才告最终完成。在其卷首，法师对自己圈点所用的标志作了详细说明，共计十六条。这些标志性符号主要由点、线、圈及括弧组成，并配合红、黄、蓝、灰、黑等颜色的不同，分别代表不同的意义。要点突出，使学者一目了然，事半功倍，极大地方便了初学者的研习，为后学辟捷径，示来者以津梁。

这年年底，"南山律苑"终因兵乱四起、时局动荡而被迫解散，作为中国现代佛教史上第一个以弘扬律学为宗旨的僧团组织，弘一法师圆满地完成了他事先的教学计划，系统地将"南山三大部"讲授完毕，这是他成为律学大师的一个重要标志。

蒙以养正

1933 年十一月，弘一法师应草庵住持之邀来庵过年。草庵在今福建晋江市罗山街道苏内社区，办过书院，是我国仅存的波斯摩尼教遗址，也称光明寺。弘一法师在该庵遗墨甚多，如"草积不除，唯觉眼前生意满；庵门常掩，勿忘世上苦人多""石壁光明，相传为文佛现身；史乘记载，于此有名贤读书"等等。

1934 年二月，闽南佛学院邀请弘一法师前往讲学并协助整顿学风。该学院 1925 年由南普陀寺方丈会泉老法师创办，十余年中，在会泉、太虚和常惺三任院长的主持下，已发展成为全国佛学院的楷模，培育了大批的僧才，其中不少成为海内外弘扬佛法的知名法师。只是最近一段时间以来，佛学院僧纪涣散、学风松弛的趋势开始日渐明显，因而想请弘一法师过来协助整顿。

弘一法师来到学院即开讲《行事钞资持记》，侧重讲"大盗戒"，但对协助教学管理一事十分慎重。所以来南普陀寺之后，除了讲学之外，他并未介入闽南佛学院的管理，而是筹备在南普陀另建一所学院。

弘一法师所办学院叫"佛教养正院"，取自《周易·蒙卦》中"蒙以养正"。他的办学方针，即如"养正"院名所示，不仅要向学僧们传授佛学知识，更要重视对其思想品格的培养。除了日常学习，为培养学僧习劳美德，院中不用使役杂工，凡挑水、担饭、扫地等劳作事务，都由学僧来做。后来法师又特选莲池大师《缁门崇行录》清素、严正、高尚、艰苦四门，作为养正院的教本，以针对时风，补救偏弊。在法师的指导下，养正院学风整肃，声誉日隆，造就了不少僧才。

讲学之余，弘一法师继续圈点校正南山律典。为研究之需，他用"晚晴山房"护法会诸友的施资通过内山完造从日本请奉佛典古籍达万余卷之多，其中多为明季清初时的刊本，不仅于当时的国内不复得见，即在日本也堪称罕有。1936 年，法师与时任上海世界书局编辑的蔡丏因联系，计划从这批佛典中依类编选一套《佛学丛刊》，分辑出版，后因故只编纂了第一辑，包括《释门自镜录》《释氏要览》《释氏蒙求》，这三部佛典卷帙不繁，内容也都较为浅近，比较适合现代读者。

从日本请购的这批佛教典籍为弘一法师的律学研究提供了极大的帮助，成为他此后校勘、圈点律典的重要资料；其律学著述中也有相当一部分与此相关，内中最重要的是《四分律行事钞资持记扶桑集释》。此书博采扶桑古本而成，法师删其繁芜，挈取精粹，并加校勘注释，辑为十卷，共记五十余万言。这是学习《行事钞资持记》最好的一部参考资料，堪称这部钞记的释解总汇，全书引用典籍四百余种，其中不少现今都已佚失，益显珍贵。弘一法师圆寂之时，这部巨著尚未最后完成，后有妙因法师继其遗志，补竟全功。

明朝律宗大德见月的自述行脚纪实《一梦漫言》，弘一法师反复细读，几至废寝忘食。阅读过程中，数十次感动得潸然泪下，作了科简、眉批、注释，并对照地图作《见月律师年谱撮要》，为《一梦漫言》写下短序言：

> 师一生接人行事，皆威胜于恩，或有疑其严厉
> 太过，不近人情者。然末世善知识多无刚骨，同流
> 合污，犹谓权巧方便，慈悲顺俗，以自文饰。此
> 书所述师之言行，正是对症良药也。儒者云："闻
> 伯夷之风者，顽夫廉，懦夫有立志。"余于师亦云
> 然……卧床追忆见月老人遗事，并发愿于明年往华
> 山礼塔，泪落不止，痛法门之陵夷也。

泉州万寿岩的住持本妙法师响应弘一法师建议，创立念
佛堂。1935年正月，法师在念佛堂开讲律学宗匠灵芝元照
的《阿弥陀经义疏》。三月，为众宣讲《一梦漫言》，经半
月有余，方得讲毕。

建于1925年的泉州温陵养老院是昔日朱熹讲学的小山
书院故址，弘一法师于该年三月在此小住半月，并为其中重
建古迹"过华亭"题额。法师一向平等行慈，在诸多慈善机
构说法多次。在温陵养老院期间，他不仅讲经，也尽力帮助
善缘者皈依、挂单等事。

1935年四月，弘一法师带着传贯和广洽到惠安崇武乡
净峰寺。该寺四周山石玲珑重叠，有如书斋案几上的珍玩，
世所罕见。更让人称奇的是当地古朴的民风。来寺不久，他
在致夏丏尊的信中写道："山乡风俗淳古，男业木、土、石

工，女任耕田、挑担。男四十岁以上多有辫发者，女子装束更古，岂惟清初，或是千百年来之遗风耳。余居此间，有如世外桃源，深自庆喜。"并书告高文显："余今年已五十又六，老病缠绵，衰颓日甚，久拟入山，谢绝人事，因缘不具，卒未如愿。今岁来净峰，见其峰峦苍古，颇适幽居，遂于四月十八日入山，将终老于是矣。"遂题《自勉》："誓作地藏真子，愿为南山孤臣。"

但弘一法师终老于此的愿望没有得以实现。随着净峰寺方丈与之静修方式不合而借故离开，不理寺中事务，法师在此缘尽，于十月下旬离开。法师离开前观自己所种菊花含苞待放，口占一绝以志别：

我到为种植，我行花未开。

岂无佳色在？留待后人来。

在该寺的半年时间，法师每月都有讲法，开讲内容多基律学，并及华严经普贤行愿、法华经普贤品、地藏菩萨灵迹、灵峰大师行迹等内容。讲法之余，法师多是闭门寺中，深居简出，研校律典。

弘一法师回到泉州后，适逢承天寺举行传戒法会，请其作律学开示。法师连续开讲《律学要略》三天，由万泉记录。这是一篇体现他律学思想的重要文献，其中涉及他多年以来律学研究的思考，刊于《晚晴老人讲演录》六至十一页。

律学久已衰微，弘一法师志必弘扬。他不单广涉出家众受学的佛教戒律，也十分关注在家修律的研究与整理。他的律学著述和讲学中有不少是为在家居士而作，如《初发心者在家律要》《授三皈依大意》《受十善戒法》《受八关斋戒法》等，而在普济寺所编《南山律在家备览略编》更是这方面的代表作。《南山律在家备览略编》与《四分律比丘戒相表记》同为近代佛教律学的两大名著，弥足珍贵，流芳百世，为在家信众学律提供了极大的便利。从法师学律的弟子中，有不少人后来都成为住持一方的人物，其中像瑞今、传贯、广洽、广义等人后来分别到菲律宾和新加坡等地弘法，声望远播于南洋。

由于弘一法师在复兴佛门律学方面的卓越功绩，他被公认为中兴南山律的第十一代祖师。

第 5 章

我心明月澄皎洁

念佛救国慈悲心

以戒为师

弘一法师自知体弱，1931 年春在温州染上恶性疟疾后，他第一次留下遗嘱，就如何处理佛典、佛像及其余物品作了说明，并注明"辛未四月，弘一书"。而后因欲带病前往西安救灾给刘质平遗嘱："余命终后，凡追悼会、建塔及其他纪念之事，皆不可做。凡此种事与余无益，反失福也。倘能做一事业为余纪念者，乞将《四分律比丘戒相表记》印二千册。" 1935 年底第二次染疾病危，于草庵静卧并写遗嘱交与随侍弟子传贯："命终前请在布帐外助念佛号，但亦不必常常念。命终后勿动身体，锁门历八小时。八小时后，万不可擦身体洗面，即以随行所著之衣，外裹破夹被，卷好，送往楼后之山凹中，历三日有虎食则善，否则三日后就地焚化，焚化后再通知他位，万不可早通知。余之命终前后，诸事极为简单，必须依行，否则是逆子也。演音启。"（传贯法师《随侍音公日记》）

1936 年四月，弘一法师大病痊愈。次月移居鼓浪屿日光岩闭关静修，在此完成《道宣律师年谱》及《修学的遗事》。夏时，法师与十二岁的童子李芳远结识。李少年早慧，诗书俱佳，深得弘一大师喜爱，二人遂成"忘年交"。李芳远在大师圆寂后，陆续编印了《弘一大师年谱》《弘一大师文钞》《晚晴山房书简》等书，以纪念弘一大师。十二月，著名文学家郁达夫专程由神户来日光岩拜访弘一大师，大师赠之以《佛法导论》《寒笳集》《印光大师文钞》。是月，大师离开日光岩，重返厦门南普陀，临别手书《佛说无量寿经》留赠日光岩清智长老。1937 年二月，为佛教养正院之学僧们讲授《随机羯磨》，并婉辞到厦门大学讲演的邀请，以表自己远离尘嚣、清心静修之决心。后在南普陀作《自恣法略例》一文，收入上海大藏经会 1957 年印行之《普慧藏》。

1937年农历二月十六日，弘一法师在养正院中作了一次《南闽十年之梦影》的演讲，回述了自己到闽南的过程及这十年来在闽南各地弘法的经历，由高文显记录，刊于《佛教公论》第九期。演讲的后半段，法师特别提到了在惠安弘法时生的这场大病，说是自己一生中的大纪念。法师的床头有一只病卧草庵之时用过的钟，比起其他的钟来总要慢上两刻，法师由此解释说：因为我看到这个钟，就想到我在草庵生大病的情形了，往往使我发大惭愧，惭愧我德薄业重。我要自己时时发大惭愧，我总是故意地把钟改慢两刻，照草庵那钟的样子，不止当时如此，到现在还是如此，而且愿尽形寿，常常如此。法师给自己起了名字叫"二一老人"，源于古诗"一事无成人渐老"及清初吴梅村的绝命诗"一钱不值何消说"。弘一法师还说："我的性情是很特别的，我只希望我的事情失败，因为事情失败，不完满，这才使我常常发大惭愧！能够晓得自己的德行欠缺，自己的修养不足，那我才可努力用功，努力改过迁善！一个人如果事情做完满了，那么这个人就会心满意足，洋洋得意，反而增长他自高的念头，生出种种的过失来！所以还是不去希望完满的好。"

1937年夏，厦门市在中山公园举办运动会，弘一法师应筹委会之邀，作《厦门第一届运动会歌》：

禾山苍苍，鹭水荡荡，国旗遍飘扬。

健儿身手，各献所长，大家图自强。

你看那，外来敌，多么狼狈！

请大家想想，请大家想想，切莫再彷徨！

请大家，在领袖领导之下，把国事担当。

到那时，饮黄龙，为民族争光。

到那时，饮黄龙，为民族争光。

青岛湛山寺方丈倓虚和尚是一位佛教学者兼教育家，先后兴办过十一家佛学院。他素来敬仰弘一法师的修为，于1937年三月特派书记僧往厦门恭请法师到青岛讲律弘法。四月初，法师率传贯、任开、圆拙前往青岛。法师的行李一如既往的简单甚至简陋，一名记录此事的湛山火头僧说，他觉得像弘一法师这样的人物，随身携带的总会有些特别的物什，后来才知道，除了几部律书，法师带的仅一双半旧的软帮黄鞋和一双补了又补的草鞋。

弘一法师在湛山寺主要讲的是南山律，《随机羯磨》和《四分律比丘含注戒本》这两部律在后来很长的一段时期里，一直都是湛山寺僧众习律的常课。法师首讲题目是"律己"和"息谤"，即学戒律者须要律己不要律人，受了诽谤之类的污染无须辩解，若是白纸上染污，不动则不侵，越擦越脏。这便是法师的品格，也一如法师往昔育人，从不责罚，只是谴责自己为师无力；或者是有人微词也从不辩解，自顾严律修为而清者无浊。

弘一法师临离湛山寺前，为学律同学皆留字"以戒为师"，另外还有好些求他写字的，他都一一满愿，词句大都是华严经集句或蒲益大师的警训，总共写了好几百份。为答谢梦参法师的迎请护法之劳，法师特别拿上等的玉版宣纸写了一卷四十多页厚的《华严经净行品》，可谓珍瑜拱璧。法师的最后一堂讲演，是劝人念佛，他给众学留下的最后一句最恳切最能了生死的话是：南无阿弥陀佛！

湛山寺本有备弘一法师久住，且准备好一切。但法师还是在九月中旬预先告之即将辞行，并有五点要求：第一，不许预备盘川钱；第二，不许备斋饯行；第三，不许派人去送；第四，不许规定或询问何时再来；第五，不许走后彼此再通信。十月间临走日，他对倓虚法师说："老法师，我这次走后，今生不能再来，将来同等西方极乐世界再见吧！"

以身护法

1937 年的 7 月 7 日卢沟桥事变，抗日战争全面爆发。弘一法师此时尚在湛山寺，也是他出家的第二十个年头。法师因国难当头而手书"殉教"横幅，以明心志。此次随同法师南下的，多了一名弟子妙莲，是特意从苏州灵岩山赶到湛山来从弘一法师学律的，并一直追随法师至圆寂。

日本侵华战争全面爆发后的上海正被惨烈激战的阴云笼罩着，弘一法师等人途中小住在外滩附近的新北门泰安旅馆，夏丏尊特前往探望。时值日寇飞机狂轰滥炸南市和黄浦江对岸的浦东一带，如雨的炸弹从半空中倾泻下来，旅馆凡众皆惊慌，唯有法师镇静如常，嘴唇微微地动着，仍在轻念着佛号。

弘一法师在上海待了两天，离开上海时，夏丏尊、丰子恺等人都赶来为他送行。初冬将至，已能感觉到一丝寒意，法师仍着单薄僧衣，比昔时更显清癯了。临别之际，法师表示要以身护法，与国土共存亡。

回厦门后，弘一法师最初住在南普陀寺，不久因国民党军队进驻寺中，人马嘈杂，不堪其扰，遂移居万石岩住了一段时间，后又移至中岩。无论在何处行止，法师都自题居室为"殉教堂"，以誓护法报国之志。

这期间，弘一法师仍一如既往地精研戒律，诵经念佛。在修行的同时，法师从未忘记自己对国家的责任。1941年冬，泉州开元寺举行结七念佛法会上，法师提出口号："念佛不忘救国，救国必须念佛！"此口号意为：佛者觉也。觉了其理，乃能誓舍身命，牺牲一切，勇猛增进，救护国家，是故救国必须念佛。因此，法师手书数百余幅，分赠予各地寺院，希望缁素信众虔诚诵经念佛，祈愿诸佛菩萨的神力冥护国土。

1938 年初，弘一法师先后在晋江草庵寺、泉州承天寺中三次为诸多听众开讲《华严经普贤行愿品》，后又在泉州清尘堂开讲"华严大义"。此讲听众甚多，甚至吸引了不少基督徒前往听讲。讲毕，法师特叮嘱听众共诵《行愿品》十万遍，以此功德，回向国土众生，倡佑国运，消弭业灾，听众无不深感其诚，并遵所嘱。

一次，弘一法师在斋堂用餐，忽然潸然泪出，对身边弟子说：吾人所食为中华之粟，所饮乃温陵之水，身为佛子，于此之时，不能共纾国难于万一，为我佛如来张点体面，自揣尚不如一只狗子！狗子尚能为主守门，吾人一无所用，而犹觍颜受食，何能无愧于心？一座僧众，闻之而肃然致敬。

泉州战事一直紧张，弘一法师在此弘法是冒着生命危险的，但他早已将个人生死置之度外。他在承天寺时给丰子恺的信中说：朽人自出家以来，恒自韬晦，罕预讲务。乃今岁正月泉州后，法缘殊胜，昔所未有，几如江流奔腾不可歇，朽人亦发愿为法舍身。虽所居之处，飞机日至数次（**大炮叠鸣，玻璃窗震动**），又与军队同住（**军入住在寺内**），朽人亦安乐如恒，盖已成为习惯矣。幸在各地演讲，听者甚众，皆悉欢喜。于兵戈扰攘时，朽人愿尽绵力，以安慰受诸痛苦惊惶忧恼诸众生等。

弘一法师这次在泉州，两月之中，写字千余件，甚至还赴过几次宴请，让人感到他的态度似与往日有所不同，个中缘由，自然是为了在这一特定时期更多地广结法缘。

四月下旬，法师应鼓浪屿一在家居士社团"了闲社"之请，复回厦门，开讲《心经》。次月初，刘绵松居士代表漳州佛教界诚邀法师前往说法。在他离开厦门后的第四天，1938年5月7日，厦门即告沦陷。法师在漳州讲了数部经，复兴了当地的念佛会，组织居士们每周集会念佛一次。九月时，丰子恺从桂林来信，请弘一法师去那里避难。法师回信说在闽南法缘未了，日后将终老于此。法师在漳州住了半年时间，性常法师来漳州迎请他回泉州，途经安海，在此弘法近一个月，其间在金墩祠宣讲《佛法十疑略释》《佛法宗派大概》《佛法学习初步》，后辑成一册《安海法音录》。

《佛法十疑略释》一文特从十个方面驳斥了对佛法的质疑，指出佛法非迷信、非宗教、非哲学、非违背于科学、非厌世、非不宜于国家之兴盛、非能灭种、非废弃慈善事业、非是分利、非说空以灭人世。（叶子青：《弘一法师书信》，三联书店1990年第1版）在泉州期间，法师在清尘堂、光明寺等处宣讲《药师如来法门略录》《药师如来法门修持方法》。农历十一月十四日，弘一法师在厦门佛教养正院中为诸学僧作了一次题为《最后之忏悔》的讲演。

人我一相

1939 年二月始，弘一法师在永春普济寺首次如愿闭关三百七十二天。法师晚年编著的许多佛学著作，如《盗戒释相概略问答》《南山律在家备览略编》《华严疏分科》《受十善戒法》《戒体章名相别号》等，都完成于这一时期。

弘一法师闭关初时，恰至六十花甲，题联"闭门思过，依教观心"。同时，丰子恺的《护生画续集》赶在此时完成，已迁居新加坡的弟子广洽请徐悲鸿为法师画的半身油画像也在此时寄了过来，澳门的《觉音》月刊、上海的《佛学半月刊》等多家佛教刊物，均出版了法师的纪念专刊号，而来自各方亲友的贺寿诗词也陆续寄来。

弘一法师闭关期间，因与外界断绝音信已久，加之1940 年春法师再次发病，身体状况每况愈下，每日由两餐改为早晨一餐，因此各地遂风传他已在永春山中圆寂，后由林奉若居士及《觉音》杂志出面辟谣，谣传方渐渐止息。法师闭关结束后，为林奉若居士供他掩关的茅篷题写"梵华精舍"的匾额，又手书蒲益与印光两位大德的法语警训，以报答这一年多来居士的护关之恩。

弘一法师在南安雪峰寺下院水云洞小住过一段时间，其时写给俗家弟子陈海量两句偈言："即今休去便休去，若欲了时无了时。"

1941年春，弘一法师住南安灵应寺时，痔疾重发。佛诞节后，是法师亡母八十冥诞，法师病体中终日为母诵经祈祷。身体稍好后，弘一法师在入夏时与传贯、性常一行到了福林寺安居结夏，开讲《律钞宗要》并作"略述印光大师之盛德"的演讲，其间三个月，著述《律钞宗要随讲别录》《随分自誓受菩萨戒文析疑》等，并集佛经祖语警句两卷，重新编录《晚晴集》。

1941年秋，应菲律宾佛教信众之邀，弘一法师准备前往，却因太平洋战争爆发而受阻，小住鼓浪屿后，法师再临泉州，先止于百原寺，后移锡于承天寺。上海刘传声居士闻悉战时道粮普荒，担心法师生活艰难，特寄奉千元以作供养，法师辞谢，欲全部退回，后逢沪闽之间交通断绝，无法退还，遂将这笔钱款转交开元寺，供常住大众之用，同时还将珍藏多年的夏丏尊赠他的一副贵重的白金水晶眼镜一并送开元寺变卖为斋粮。其间，《药师经析疑》编毕。

澳门佛教界有关于佛典中有无轻视女性问题之讨论，致函弘一法师请决。大师致信竺摩法师，言众生平等，数引佛典中女身证道得果之例，以示佛法之中，男女本来平等，还建议不妨遍采大藏经中此类事迹，以广被现代学佛女众之机。

杜安人是位医生，弘一法师在福林寺度岁后，将旧藏贵重西药十余种悉数赠给了他，鼓励他用自己的医术来济世利人，示之以轻小我而重大我的人生观，并特为他撰写一副嵌字联：安宁万邦，正需良药；人我一相，乃谓大慈。

弘一法师一直知道自己身体状况极为不佳，所以多次在病危之时写过遗书。1940年春，法师发病时，他还预写过一封遗书给性愿上人："后学居闽南十数载，与慈座交谊最笃。今将西逝，须俟回入娑婆再为晤谈。甚望今后普济寺道风日盛，律仪宏阐。后学回入后，仍可来普济居住，与诸缁素道侣相聚首也。谨达。"

弘一法师在浙一师任教时的学生石有纪此时正在惠安县任县长，每过泉州都要去拜师。法师曾书致石有纪："献岁发春，朽人世寿六十，为多写字以结善缘，贵友如有求余书者……"石有纪知道某中央委员以几百金求法师书而遭拒绝之事，也知道俗间对法师的书法珍贵万分，所以对法师的这番说很是惊异，不明白法师此意何为。年后，即1942年春，石有纪派人礼请大师去惠安灵瑞山弘法讲经，大师与之约法数条，不迎不送，不受斋请，过城之时也不停留，径赴灵瑞山，得其保证，方答应前往。弘一法师在惠安讲经一个月，并为龙安佛寺作藏头诗一首：

龙胜空宗传竺土，

安清古译冠中邦。

佛曦遍照阎浮境，

寺刹崔峨建法幢。

在惠安弘法圆满结束后，弘一法师叮嘱石有纪：做人要存诚意，做官不能嗜杀，要尽力为百姓办事。法师本欲重赴福林寺掩关，因身体不适未能成行，遂返泉州，居百原寺。其间，画家顾一尘曾去拜访法师，法师书古人白话诗一首相赠："过去事已过去了，未来不必预思量。只今便道即今句，梅子熟时栀子香。"

1942年入夏，在叶青眼居士及温陵养老院诸人的请求下，弘一法师移锡开元寺温陵养老院，居于"晚晴室"。文学家郭沫若亦托人代向法师求字，法师书寒山诗一首为赠：我心似明月，碧潭澄皎洁，无物堪比伦，教我如何说。后来又致信俗家弟子胜信居士，信中说：居士曾受不邪淫，不饮酒戒，今后当尽力护持。若犯此戒，非余弟子也。余将归西矣，书此以为最后之训。此间，法师著有《持非时食戒者应注意日中之时》一文，对"过午不食"的时间作了具体界定。后又为福州怡山长庆寺手书《修建放生园池记》，这是大师的最后遗作。

若欲了时无了时

往生净土

所谓"去去就来，回入娑婆，指顾间事耳"。若欲圆满成就其业，必须早生极乐，见佛证果，回入娑婆，乃能为也。作为净土的虔诚信仰者，弘一法师还有一种深切的希望，能在自己往生净土之后，再次回生于此娑婆世界。依净土宗之教义，往生西方极乐佛国，能速证菩提，再回人间弘法。弘一法师年过六旬，自知世日无多，便开始为往生作最后的准备了。

1942 年中秋前，弘一法师借养老院中朱子过化亭为戒坛，教演出家剃度仪式，并为二沙弥证授沙弥戒，现场气氛庄严。当时在一旁观礼的叶青眼居士突然感觉，与法师虽在咫尺之间，却又如同身隔万仞壁垒。次日，法师据灵芝行事钞，删定《剃度仪式》一卷，谓自灵芝律师之后，此仪轨已失传七八百年，嘱妙莲等弟子日后缮赠流通，以供发心出家者之用。

八月中秋十五、十六两日，弘一法师在养老院中为众作了一生中最后一次讲经，开讲《八大人觉经》及《净土法要》。开讲之时，精神虽好，但声音较往日为弱，语气里隐约流露出一丝黯然神伤之意，开言结语之中，也似都有些不同寻常的暗示。连续讲了两天经，法师颇感疲惫，退卧静养。

二十三日上午，弘一法师应转道、转逢两法师之请，为开元寺大殿书写柱联。到下午，法师即觉身体不适，开始发烧，但仍勉力坚持为晋江中学的学生写字结缘。大师这次染疾，主要是因为年老体虚，再加上劳累所致，此后食量开始日减，到二十七日，全天粒米未进，宣布断绝饮食及药品，唯饮用了一点开水。

二十八日，弘一法师将妙莲唤到床前，立下遗嘱：余于未命终前、临命终时、既命终后，皆托妙莲师一人负责，他人无论何人，皆不得干预。盖上私章后，法师又叮嘱妙莲，谢绝一切吊问。遗嘱草成，法师即将手书《药师经》一部、《格言别录》一本，交与妙莲。

二十九日下午五时，弘一法师又特嘱妙莲法师五事：一、在已停止说话及呼吸短促或神志昏迷之时，即须预备助念应需之物。二、当助念之时，须先附耳通知云："我来助念"，然后助念，如未吉祥卧者，待改正吉祥卧后，再行助念。助念时诵《普贤行愿品赞》乃至"所有十方世界中"等正文，末后再念"南无阿弥陀佛"十声（不敲木鱼，大声缓念），

191

再唱回向偈"愿生西方净土中",乃至"普利一切诸含识"。当诵此之际,若见余眼中流泪,此乃"悲欢交集"所感,非是他故,不可误会。三、察窗门有未关妥者,关妥锁起。四、入龛时若天气热者,待半日后即装龛,凉则可待二三日装龛。不必穿好衣服,只穿旧短裤,以遮下根即已。龛用养老院的,送承天寺焚化。五、待七日后再封龛门,焚化。遗骸分为两坛,一送承天寺普同塔,一送开元寺普同塔。在未装龛以前,不须移动,仍随旧安卧床上。如已装入龛,即须移居承天寺。去时将常用之小碗四个带去,填龛四脚,盛满以水,以免蚂蚁嗅味爬上,致焚化时损害蚂蚁生命,应须谨慎。再则,既送化身窑后,须逐日将填龛脚的小碗之水加满,以防其水干去,又引起蚂蚁嗅味上来故。

三十日,弘一法师独自默诵佛号,整日不说话。

九月初一上午,弘一法师为黄福海书蒲益大师警训一则:"以冰霜之操自励,则品日清高;以穹窿之量容人,则德日广大;以切磋之谊取长,则学问日精;以慎重之行利生,则道风日远。"下午,手书"悲欣交集"四个大字,交给妙莲法师,是为弘一法师的临终绝笔。

初二,弘一法师委请妙莲法师将预立遗嘱寄刘质平,并向夏丏尊、刘质平、性愿法师分寄预先书写之诀别信。

初三,妙莲含泪再请弘一法师服药,法师慰言吃药莫如念佛，以期日后乘愿归来。法师又嘱妙莲代书遗嘱一份致温陵养老院，所言皆关于养老院中相关事务。

初四黄昏七时五十分，安卧于床静念佛号的弘一法师呼吸稍促，妙莲等人依师遗嘱在一旁助念佛号，八时整，法师安详圆寂。

初五，缁素弟子在晚晴室外焚香献花礼拜。黄福海闻讯赶到，听妙莲泣不成声说弘一法师为之写字情形，再拜伏地不起。

初六晨，叶青眼等弟子入室顶礼，瞻仰仪容。弘一法师右手托腮面西侧卧，两腿端曲，左手放于腿上。法师此时已气绝三十六小时，面部安详而似带微笑，唇际略显浅红，与睡着无异。下午一时，法师入龛，送龛者达千余人。沿途观者，皆垂首致敬。

九月十一日晚，大众自发集会，齐诵《普贤行愿品》完毕后，起赞佛偈念佛。八时，弘一法师遗体焚化。在场的叶青眼居士后来在《千江映月集》有如下的记载："举火才逾时许，众方恭敬围绕，忽尔异彩一道突从窑门燎出，炽然照耀，辟易一切，众为震动，厉声念佛，异彩须臾散去，未几已告化尽，猛捷无与伦比。"

弘一法师灵骸封藏后，遵师遗嘱送开元、承天两寺供养，后由妙莲法师奉归他在开元寺的禅房内，百日之内，念地藏菩萨，并于遗骸之中拾出舍利子一千八百余颗，舍利块六百。法师之灵骨与舍利，后来分移供养于杭州虎跑定慧寺和泉州清源山弥陀岩。

君子之交

> 君子之交，其淡如水。
> 执象而求，咫尺千里。
> 问余何适，廓尔亡言。
> 华枝春满，天心月圆。

君子之交淡如水的真谛便若执象而求，清浊自分，真相明断，或咫尺千里，或千里咫尺，唯清唯纯而已。而人世前路，何宽何窄？其实只要悟得一个简单的道理，心宽自然路宽，只需宁静安详，便是花枝春满时，皓月当空夜。

这是刘质平和夏丏尊收到遗书中的一首遗偈。弘一大师的谢世，让认识他了解他甚至追随于他的人，在正遭受苦难的国土上多洒了许多清寒的泪雨。

刘质平见遗书，恸哭几日而废寝忘食。金华沦陷时，美国博物馆欲通过孔祥熙花五百两黄金购买弘一大师手书之《佛说阿弥陀经》，刘质平宁肯磨豆腐养活家人也不肯卖。他牢记先师恩德与教化，以他的方式不仅保存了先师的十二箱墨宝，也保存了一个人热爱国土的骨气和尊严。1966 年

"文化大革命"中，他欲赠大师遗作于博物馆，遭拒收并被烧毁少量，痛不欲生。被毒打后，他在《认罪书》里写道："生死事小，遗墨事大。我国七亿人口，死去一人，不过黄河一粒沙子；而这批遗墨是我国艺术至宝，历史书法中的逸品，若有损失，无法复原，那才是真正有罪。"

同样，丰子恺为了一份恩师的承诺，也为了恩师的弘法愿望，此后的三十多年里，无论发生任何情况，他都会每十年完成一集护生画的创作。其中的艰辛，无须多言。尤其是第六集，创作于"文化大革命"的非常时期。当时丰子恺被列为上海市的重点批斗对象之一，《护生画集》自然也属于"反动书刊"，在那样一种条件下坚持护生画的创作，其困难和风险可想而知。为报师恩，为践前约，丰子恺努力坚持着护生画的创作，终于在 1973 年秘密完成了第六集。两年后，丰子恺即与世长辞，终于没能见到护生画全集的面世。幸运的是，画稿由他交给友人妥善保管了下来。"文化大革命"结束后，弘一法师的学律弟子、时任新加坡佛教总会主席的广洽法师于 1978 年秋访沪将原稿带走，次年 10 月，《护生画集》全集由香港时代图书有限公司出版，凝结着弘一法师与丰子恺两人无数心血的护生画，至此终于功德圆满了。

同样也是大师的精神所在，许多人往前走的路更加踏实更加执着，即使于俗世，亦是以出世精神做入世事业。还有许多的人，或继承弘一大师弘法，或在各个领域以大师为表率，问心无愧而真诚做人做事。

刘海粟曾说潘天寿跟李叔同练《三公山碑》，运笔遒劲庄凝，为他后来的书画艺术成就打下了牢固的基础。潘天寿因弘一大师劝阻而没有出家，却因为大师而了解并敬仰佛教：在他的画室里一直挂有大师题写的对联"戒是无上菩提本，佛为一切智慧灯"；他也曾使用诸如"心阿兰若住持""懒头陀""懒道人""居士""指头禅""一指禅"等名号；他的画中也经常出现诸如僧人、佛像、佛寺等形象，甚至他的代表作就是《达摩》；他还写过《佛教与中国绘画》一文，详细阐述佛教与绘画之间的关系。

1939年徐悲鸿为弘一大师六十寿诞造像后，1947年又特补题记，表达对大师的敬仰：早岁识陈君师曾闻知今弘一大师为人，心窃慕之。顾我之所以慕师者，正从师今日视若敝踪之书之画也。悲鸿不佞，直至今日尚沉湎于色相之中不能自拔，于五六年前且恳知友丐师书法，钝根之人日以惑溺，愧于师书中启示未能领悟。民国二十八年夏，广洽法师以纪念弘一师诞辰，嘱为造像，欣然从命。就吾所能，竭吾驽钝，于师不知不觉之中，以答师之唯一因缘，良自庆幸；所愧即此自度微末之艺，尚未能以全力诣其极也。

叶圣陶第一次见到弘一大师时，感到这"晴秋的午前的时光在恬然的静默中经过，觉得有难言的美"。他说大师"水样的秀美、飘逸"，大师的书法"全面调和，盖法师始终信持之美术观点"。他为大师的谢世挽诗道："华枝春满，天心月圆。其谢与缺，罔非自然。至人参化，入以涅槃。此境胜美，亦质亦玄。悲欣交集，遂与世绝。悲见有情，欣证禅悦。一贯真俗，体无差别。嗟哉法师，不可言说。"在此之后，他又协助丰子恺完成为弘一大师在杭州虎跑建纪念塔的计划，并于1953年合资修建，次年1月落成，成了人们缅怀弘一大师的重要场所。

同样也是书法大家的马一浮和弘一大师一生相知，他们不仅有书法、音乐等艺术方面的交流，弘一大师更视马先生为学佛的良师，而马先生极敬大师之修为。在书法方面，马先生在大师书《华严》集题跋言："大师书法得力于《张猛龙碑》，晚岁离尘，刊落锋颖，乃一味恬静，在书家当为逸品。尝谓华亭于书颇得禅悦，如读王右丞诗。今观大师书，精严净妙，乃似宣律师文字。盖大师深究律学于南山灵芝，撰述皆有阐明。内熏之力自然流露，非具眼者未足以知之也。"马先生与大师诗文往来颇多，直到大师谢世二十多年后的1965年，还在为大师作诗纪念。弘一大师圆寂后，丰子恺曾请求马一浮为弘一大师作传。然而，马先生终于没有写。直到目前发现的一张马先生的手迹照片中，可知其理："音公（**弘一大师**）迁化，诸大弟子因丰子恺来请为作传，书此谢之。音公如在，定当微笑相肯耳。南山已续高僧传，摩诘新题六祖碑。自有儿孙堪付嘱，顶门何用老夫锥。壬午季冬蠲戏老人。"马先生认为，像弘一大师这样的大智慧，其英名盖世，何需赘言。

对于弘一大师的谢世，胡朴安悲痛难当，他说："此朴安之心所以尤怦怦不能自已也。"并以诗颂之："凡夫迷本来，生死一大事。知者顿然悟，去来原一致。自性本清静，是乃真佛子。我言弘一师，泯然契佛旨。往日本不生，今日亦未死。"作为国学大师的胡朴安曾是弘一大师在南社时的社友，他评价大师对律学的研究："文人学子学佛者，多学禅宗，或学相宗，近世多学密宗，大师独精研戒律，此所以德高而行严也。近十余年，未见大师之面，而大师之德愈高，而行愈严，为海内外学佛者所钦仰，不仅朴安一人。"

艺术教育家姜丹书与弘一大师曾经共事多年，大师出家前的绝笔书法便是为其母墓志铭作。姜先生认为，弘一大师的出家并非厌世，更非欺世，实在是由于参透了人生，飘然出世，正所谓"返璞归真"。

夏丏尊不仅是弘一大师俗家时的同事，更是他一生的知己好友，情逾手足。他知道什么是君子之交，也明白弘一大师所了然的"华枝春满，天心月圆"，但接到大师的遗书，他明知是事实还是发电报于开元寺，核实之后，往事幕幕，哀恍怅然。"自从他出家以后，我已不敢再毁谤佛法，可是对于佛法见闻不多，对于他的出家，最初总由俗人的见地，感到一种责任。以为如果我不苦留他在杭州，如果不提出断食的话头，也许不会有虎跑寺马先生彭先生等因缘，他不会出家。如果最后我不因惜别而发狂言，他即使要出家，也许不会那么快速。我一向为这责任之感所苦，尤其在见到他作苦修行或听到他有疾病的时候。近几年以来，我因他的督励，也常亲近佛典，略识因缘之不可思议，知道像他那样的人，是于过去无量数劫种了善根的。他的出家，他的弘法度生，都是夙愿使然，而且都是稀有的福德，正应代他欢喜，代众生欢喜，觉得以前的对他不安，对他负责任，不但是自寻烦恼，而且是一种僭妄了。"作为著名作家、教育家、翻译家、编辑出版家，也是"白马湖散文"的宗师，夏先生敬重大师的学识，更敬重大师的修为，数十年如一日地对大师尽力护持，白马湖畔的晚晴山房便是由夏丏尊、经亨颐、丰子恺、刘质平等人为大师安居弘法而筹资修建。

永垂千古

1942年12月至1943年3月，上海《觉有情》杂志连出五期《弘一法师纪念号》，登载各界人士的各类纪念文字：

垂涅槃赋偈相诀，旧雨难忘，热情应啸溪虎。

许娑婆乘愿再来，伊人宛在，长空但观夕阳。

——夏丏尊

遍界不曾藏，岳峙依然，川流犹是；

无生亦如幻，缘了自去，愿却即来。

——陈铭枢

一念真如，问花枝春满，天心月圆，几辈修持曾到此。

亡言何适，怅晚照留情，秋英含秀，甚时飞锡更重来！

——章锡琛

叹我公毕生修持僧伽志行，力求圆满，堪称一物无遗，寸丝不苟；

信温陵此日各界人士心情，所获教益，应似千江印月，万木逢春。

——叶青眼

三绝诗书画，南社当年扶大雅；

一肩儒道佛，温陵此日切西生。

——胡邦宪

香火有因缘，劫来教诲亲承，居诸不过年

余耳；

音书久迟滞，闻道悲欣交集，想象真堪痛绝乎！

——李晋章

曾培植多少艺术师资，传教后人，堪称无量功德；

看缮写若干佛家经典，留存尘世，普度一切众生。

——黄福海

高行头陀重，遗风艺苑思。自知心是佛，常以戒为师。三界犹星翳，全身总律仪。只今无缝塔，可有不萌枝？

春到花枝满，天中月相圆。一灵之不昧，千圣更何传。交淡心如水，身空火是莲。要知末后句，应悟未生前。

——马一浮

1943 年，夏丏尊、蔡冠洛等编辑《弘一大师永怀录》出版，泉州《弘一大师西生纪念刊》出版，上海玉佛寺设立弘一大师图书馆，并多次举行纪念会展览大师墨宝。

1944 年，林子青《弘一大师年谱》第一版问世，后不断修订增补，直至半个世纪后的 1995 年，宗教文化出版社再次出版。

1947 年，《永恒的追思》出版。

1954 年，丰子恺、叶圣陶、钱君陶等于杭州虎跑定慧寺建弘一大师之塔，1957 年广洽法师更集净财增筑。

1958 年，泉州开元寺尊胜院设立弘一法师纪念馆。

1962 年，丰子恺、钱君陶、广洽法师等之《弘一大师遗墨》出版。

1964 年，弘一大师巨著《四分律行事钞资持特记扶桑集释》由妙因法师尽其全功、广洽与妙灯两师协力出资刊行。

1965 年，台湾陈慧剑《弘一大师传》出版，截至 1991 年已再版十五次。

1980 年，中国佛教协会举办"弘一法师书画金石音乐展"泉州清源山弥陀岩建弘一大师塔院。

1986 年，《弘一法师在惠安》出版。

1987 年，夏宗禹编《弘一大师遗墨》出版。

1988 年，《李叔同——弘一法师》出版。

1989 年，《华严集联三百》《弘一大师书法选集》出版，钱君陶、刘雪阳、丰一吟、柯文辉编《李叔同》出版。

1990 年，林子青编《弘一法师书信集》出版，天津李载道刻碑一百二十方，作"弘一书法碑林"。

1991 年，金兆年集资重建晚晴山房。

1992 年，弘一大师诞辰一百一十五年，林子青主编《弘一大师全集》出版，台北展出大师遗作。

1996 年，《弘一大师文集》出版，新加坡展出大师遗墨。

1997 年，刘雪阳、柯文辉编《二十一世纪书法经典——李叔同卷》出版，杭州师范学院成立"弘一大师·丰子恺研究中心"。

2000 年，浙江平湖建立弘一大师纪念馆，平湖公园易名叔同公园。

2003 年，上海徐汇旅游局展馆展出弘一大师书法百余件。

2004 年，平湖举办弘一大师遗墨展。

2008 年，《弘一大师的后半生》《弘一与夏丏尊》先后问世。

············

相关李叔同——弘一法师的纪念馆、纪念塔及著作或者纪念文章层出不穷，从未间断，凡大师经往之处，皆有大师纪念馆或者相关纪念什物。

鲁迅曾言，有的人活着却是死了，有的人死了却还活着。曾经的李叔同后来的弘一大师涅槃了，他的灵魂他的精神却久久盘桓于大地之上，依然旺盛着永恒的生命悲悯，俯瞰人世，以入世的慈仁以出世的悲悯挚爱中华：吾人所食为中华之粟，所饮乃温陵之水，身为佛子，于此之时，不能共纾国难于万一……

以律学名家，戒行精严，缁素皈仰，薄海同钦者，当推弘一大师为第一人。

——赵朴初

佛终生说法，都是为救济众生，他正是以出世精神做入世事业的。

——朱光潜

他的出家，他的弘法度生，都是夙愿使然，而且都是稀有的福德……

——夏丏尊

以教印心，以律严身，内外清净，菩提之因。

——太虚法师

我崇仰弘一法师，为了他是"十分像人的一个人"。凡做人，在当初，其本心未始不想做一个十分像"人"的人；但到后来，为环境、习惯、物欲、妄念等所阻碍，往往不能做得十分像"人"。其中九分像"人"，八分像"人"的，这世间已很伟大；七分像"人"，六分像"人"的，也已值得赞誉；

就是五分像"人"的，在最近的社会也已经足难得的"上流人"了。像弘一法师那样的十分像"人"的人，古往今来，实在少有。所以使我十分崇仰。

——丰子恺

朴拙圆满，浑若天成。得李师手书，幸甚！

——鲁迅

你们将来如要编写《中国话剧史》不要忘记天津的李叔同，即出家后的弘一法师。他是传播西洋绘画、音乐、戏剧到中国来的先驱。

——周恩来

近代人中，我只佩服李叔同一人……李叔同画画、书法、音乐、诗词样样都高明……我却比他少了一样——演戏！

——刘海粟

不要认为我是个高傲的人，我从来不是的——至少，在弘一法师寺院围墙的外面，我是如此的谦卑。

——张爱玲

李叔同是我们时代里最有才华的几位天才之一，也是最奇特的一个人，最遗世而独立的一个人。

——林语堂

悲欣交集大觉悟

念佛救国

"念佛不忘救国，救国必须念佛！"这是弘一大师极为著名的慈悲语录。

念佛本是将往众生平等之和平谐美的觉悟与愿望，所以断不可亡失和平谐美的土地滋养，如若草木之根植，繁盛必须依附自然之协和。亡国定是亡土，亡土定是亡根，亡根定是亡性。所以，念佛念得再好，没有了国土，没有了家园，没有了可以滋供念佛的清净之所，念佛何用？佛祖慈悲，关爱泛众，所以一定是念佛不忘救国。

穆藕初曾和弘一大师谈论过一些社会上关于批评佛教的观点。这种观点认为佛教似乎是一种导人出离世间、逃避家国社会责任的宗教，当此国家衰微，正需国民奋发图强之际，佛教于世又有何益？弘一大师说，佛法并不离于世间，佛教的本旨只是要洞悉宇宙人生的本来面目，教人求真求智，以断除生命中的愚痴与烦恼，修学佛法也并不一定都要离尘出家，在家之人同样可以用佛法来指导人生，利益世间。就大乘佛教来说，其菩萨道精神，更是充分体现着济物利人的人世悲怀，凡有志于修学佛法者，皆需发大菩提心，立四弘愿，所谓"众生无边誓欲度，烦恼无尽誓愿断，法门无量誓愿学，佛道无上誓愿成"，以此自励精进，无量世中，怀此弘大心愿，永不退失，只要是济世利人之事，都可摄入佛道之中。因此，佛教不是消极避世的宗教。

而救国必须念佛吗？从大师一生经历的时代背景看，他生于中国内忧外患的时代，由甲午战争、戊戌变法、八国联军侵华、辛亥革命，而至"五四"运动、"九一八"事变、"一·二八"事变、卢沟桥事变、十四年抗战，要么政府不替民生作为、乏力抗外，要么军阀割据、钩心斗角，整个中国都处在落后挨打的境地，甚至被日本欺负至遍体鳞伤。大师的少年青年时代便为改变社会旧貌而提倡新学，图强中国。图强中国不是以个人之力可为，但若是人人图强，万涓成河、百川汇海，则社会新貌，国家亦强。大师出家后，深悟佛心之大慈悲，慈则与善，悲则拔苦，若是人人有佛心，尤其是当权者懂得慈悲，从大局出发，体恤民众，万众一心，中华哪来被欺之忧被辱之患？再者，大师在日本游学多年，日本佛教信众颇多。若是日本当权者佛心，何来对中华的侵略，也不必让自己国家的人民介入战争而痛苦。所以，大师所言救国必须念佛，是指人人皆要有佛心，慈悲为怀。这在时代背景之下，与教育救国之心之行在本质上如出一辙。这样的境界，即使在社会的任何时代，都是应该具备的，只是大师用了佛家的语言而已。

悲欣交集

一直以来，很多对弘一大师的研究者在恭心敬重时为大师的出家缘由费尽心思，并不惜笔墨地渲染至妄测其家族盛衰、情感经历对其的影响，有些甚而编造故事以博喧哗。弘一大师在《我在西湖出家的经过》中提到他和夏丏尊为避名人热闹而躲到西湖上去清净吃茶时，夏先生说"像我们这种人，出家做和尚倒是很好的"。大师说这是他出家的一个远因。后来大师又因身体之故到虎跑寺断食，并说这是其出家的近因。大师出家之初始的思想和出家后长期亲近佛法的思想有很大的变化，由图求清净、解脱病体、向往佛法，到深入佛法、感悟佛法、弘扬佛法。其实，无论是谁，都会有长大的过程，都会有所经历之后才会辽阔的心智，有圆满的觉悟。古语而言"人非圣贤，孰能无过"是人生的必经之路，只有走过之后，才知一路的途径，才晓一世的追求。因而，我们所言之"顿悟"，亦言之"醒"。醒是酉时之星，是日落、日沉、傍晚时延续日光之星光，是黑暗中的光明。人生得以时时明亮有光，人生之路何来坎坷？是大悟之坦途了。所以，丰子恺说："李先生的放弃教育与艺术而修佛法，好比出于幽谷，迁于乔木，不是可惜的，正是可庆的。"所以，赵朴初亦云："深悲早现茶花女，胜愿终成苦行僧。无数奇珍供世眼，一轮明月耀天心。"

所以，弘一大师圆寂前绝笔：悲欣交集。

田青先生于之释言：佛家所说的"悲"，是梵文Karuna，即"慈悲"的"悲"。隋僧慧远《大乘义章》释为："爱怜名慈，恻怆为悲。"并说："慈能与乐（给予欢乐），悲能拔苦（使其脱离苦难）。"而无论"爱怜"与"恻怆"，还是"与乐"与"拔苦"，指的都是对"众生"的怜悯与救助，而非指"悲"者自身的感伤之情。鸠摩罗什的名译《大智度论》明确指出："大慈与一切众生乐，大悲拔一切众生苦。"而大乘佛教所提倡的"无缘大慈，同体大悲"，则更强调了"慈"与"悲"的真实意义——对父母、子女、情人的爱是"有缘"之爱，是"爱"而不是"慈"；"无缘大慈"是普爱一切生命，包括与你"无缘"——表面看来与你没有任何关系的众生。同理，对旁人苦难的一般性同情也只是"悯"而不是"悲"，真正的"大悲心"是对众生苦难的"同体"般的感受，即"感同身受"地把别人的痛苦当成自己的痛苦。因此，弘一大师的绝笔绝不是"尘世内在情绪的无形追随"，更不是大师人生根本问题"其实并没有得到解决"的反映。恰恰相反，从佛教的观点看，在大师安详的涅槃相和"悲欣交集"的绝笔背后，恰好反映了大师在涅槃之时是"根本地解决"了人生的根本问题的。

至于"欣"字，佛教认为，人生的根本问题不过是"生死"二字。而"了生死"——透彻地洞见生命中苦的原因和灭苦的方法并身体力行，是解决人生根本问题的唯一途径。佛教著名的"三法印"讲："有漏（漏即烦恼）皆苦"，指明人生充满着烦恼，原因是众生不明白"诸行无常，诸法无我"的道理。而人生的六种"根本烦恼"（即贪、嗔、痴、疑、慢、恶见）不解脱，便会因"漏"而造"业"，复因"业"而生新的烦恼，如此轮回不已，永无休止。因此，佛陀教众生通过勤修"戒、定、慧"三学，明心见性，最终摆脱烦恼，了却生死。所以，在临终前能"欣欣然如赤子"，也是"根本地解决"了人生的根本问题的最好说明。一般人谈死色变，临终前大都苦苦挣扎，所以佛陀才总结出包括"死苦"在内的人生"八苦"（指生、老、病、死、爱别离、怨憎会、所求不得、五取蕴）。只有"根本地解决"了人生的根本问题的人，才能在临终时摆脱一切烦恼，才能有"欣欣然"的感受，才能写出"悲欣交集"这四个既深邃如海又浅白如溪、既沉重如山又清淡如远闻花香的字来。

另，弘一大师圆寂前所书"悲欣交集"亦不可以书法之艺而论，因为无论大师之书法如何地超越前人以朴拙之心性而浑然天成，但圆寂时本身体乏无力加之连日没有进食，"悲欣交集"只能是大师在多次提及此言后的再一次觉悟，是对娑婆世界大慈大悲的关怀和往生西方的欣喜，是两世的因缘，是圆满的觉悟，唯觉悟之后方达彼岸的大智慧。这样的大智慧真实地表现在大师圆寂时的安详里，表现在他圆寂三十多小时后的浅然微笑里，也表现在送龛过程中千人万人的静穆之中，更表现在至今以及以后人们的永远怀念与铭记之中。

弘一大师给予我们的不是金钱，不是利益，不是名位，而是令人心灵得到温暖、烦恼得到清凉的感激。

通达般若

从弘一大师出家前固执之匡时济民的维新新学到出家后之修持行愿，他先是以艺事达救国之能，后则以佛心境界慈悲天下。但无论是大艺术家还是佛门高僧，他最终以一种积极的人生哲学和思想体系以及最为让世人明白的方式进行心灵洗涤，若以下之解说佛法，言简意赅，深入浅出，在最平凡的生活之中以最平凡的语言道出生命的真理。

常乐我净：

佛说人生是苦，这苦是什么意义呢？经上说："无常故苦"，一切都无常，都会变化，佛就以无常变化的意思说人生都是苦的。譬如身体健康并不永久，会慢慢衰老病死，有钱的也不能永远保有，有时候也会变穷，权位势力也不会持久，最后还是会失掉。以变化无常的情形看来，虽有喜乐，但不永久，没有彻底，当变化时，苦痛就来了。所以佛说人生是苦，苦是有缺陷，不永久，没有彻底的意思。学佛的人，如不了解真义，以为人生既不圆满彻底，就引起消极悲观的态度，这是不对的，真正懂得佛法的，看法就完全不同，要知道佛说人生是苦这句话，是要我们知道现在这人生是不彻底，不永久的，知道以后可以造就一个永久圆满的人生。等于病人，必须先知道有病，才肯请医生诊治，病才会除去，身体就恢复健康一样。为什么人生不彻底不永久而有苦痛呢？一定有苦痛的原因存在，知道了苦的原因，就会尽力把苦因消除，然后才可得到彻底圆满的安乐。所以佛不单单说人生是苦，还说苦有苦因，把苦因除了就可得到究竟安乐。学佛的应照佛所指示的方法去修学，把这不彻底不圆满的人生改变过来，成为一个究竟圆满的人生。这个境界，佛法叫作常乐我净。

常，是永久，乐，是安乐，我是自由自在，净是纯洁清净。四个字合起来，就是永久的安乐，永久的自由，永久的纯洁。佛教最大的目标，不单说破人生是苦，而是主要的在于将这苦的人生改变过来（佛法名为"转依"），造成为永久安乐自由自在纯洁清净的人生。

真理出世：

佛法说有世间，出世间。可是很多人误会了，以为世间就是我们住的这个世界，出世间，就是到另外什么地方去，这是错了。我们每个人在这个世界，就是出了家也在这个世界。得道的阿罗汉、菩萨、佛，都是出世间的圣人，但都是在这个世界救度我们，可见出世间的意思，并不是跑到另外一个地方去。

那么佛教所说的世间与出世间是什么意思呢？依中国向来所说，"世"有时间性的意思，如三十年为一世，西洋也有这个意思，叫一百年为一世纪。所以世的意思，就是有时间性的，从过去到现在，现在到未来，在这一时间之内的叫"世间"。佛法也如此，可变化的叫世，在时间之中，从过去到现在，现在到未来，有到没有，好到坏，都是一直变化，变化中的一切，都叫世间。还有，世，是蒙蔽的意思，一般人不明过去、现在、未来三世的因果，不知道从什么地方来，要怎样做人，死了要到哪里去，不知道人生的意义，宇宙的本性，糊糊涂涂在这三世因果当中，这就叫作"世间"。

怎样才叫出世呢？出，是超过或胜过的意思。能修行佛法，有智慧，通达宇宙人生的真理，心里清净，没有烦恼，体验永恒真理，就叫"出世"。佛菩萨都是在这个世界，但他们都是以无比智慧通达真理，心里清净，不像普通人一样。所以"出世间"这个名词，是要我们修学佛法的，进一步能做到人上之人，从凡夫做到圣人，并不是叫我们跑到另外一个世界去。不了解佛法出世的意义的人，误会了佛教是逃避现实，因而引起不正当的批评。

一切皆空：

佛说一切皆空，有些人误会了，以为这样也空，那样也空，什么都空，什么都没有，横竖是没有，无意义，这才坏事干，好事也不做，糊糊涂涂地看破一点，生活下去就好了。其实佛法之中空的意义，是有着最高的哲理，诸佛菩萨就是悟到空的真理者。空并不是什么都没有，反而是样样都有，世界是世界，人生是人生，苦是苦，乐是乐，一切都是现成的，佛法之中，明显说到有邪有正有善，有恶有因有果，要弃邪归正，离恶向善，作善得善果，修行成佛。如果说什么都没有，那我们何必要学佛呢？

既然因果，善恶，凡夫圣人样样都有，佛为什么说一切皆空？空是什么意义呢？因缘和合而成，没有实在的不变体，叫空。邪正善恶人生，这一切都不是一成不变实在的东西，皆是依因缘的关系才有的，因为是从因缘而产生，所以依因缘的转化而转化，没有实体所以叫空。举一个事实来说吧，譬如一个人对着一面镜子，就会有一个影子在镜里，怎会有那个影子呢？有镜有人还要借太阳或灯光才能看出影子，缺少一样便不成，所以影子是种种条件产生的，这不是一件实在的物体，虽然不是实体，但所看到的影子，是清清楚楚并非没有。

一切皆空，就是依这个因缘所生的意义而说的。所以，佛说一切皆空，同时即说一切因缘皆有，不但要体悟一切皆空，还要知道有因有果，有善有恶。学佛的，要从离恶行善，转迷启悟的学程中去证得空性，即空即有，二谛圆融。

——《关于对佛教的误解》

弘一大师在《青年佛徒应注意的四项》提到要"惜福""习劳""持戒""自尊"，同样是将最深奥的生命哲学以最简单的道理和最直白的语言为大家展示在生命过程里。

惜福：

"惜"是爱惜，"福"是福气。就是我们纵有福气，也要加以爱惜，切不可把它浪费。诸位要晓得：末法时代，人的福气是很微薄的；若不爱惜，将这很薄的福享尽了，就要受莫大的痛苦。

习劳：

"习"是练习，"劳"是劳动。诸位请看看自己的身体，上有两手，下有两脚，这原为劳动而生的。若不将他运用习劳，不但有负两手、两脚，就是对于身体也一定有害无益的。

持戒：

"持戒"二字的意义，我想诸位总是明白的吧！我们不说修到菩萨或佛的地位，就是想来生再做人，最低的限度，也要能持五戒。可惜现在受戒的人虽多，只是挂个名而已，切切实实能持戒的却很少。要知道：受戒之后，若不持戒，所犯的罪，比不受戒的人要加倍的大。

自尊：

　　"尊"是尊重，"自尊"就是自己尊重自己。可是人都喜欢人家尊重我，而不知我自己尊重自己；不知道要想人家尊重自己，必须从我自己尊重自己做起。怎样尊重自己呢？就是自己时时想着：我当做一个伟大的人，做一个了不起的人。但自尊与贡高不同。贡高是妄自尊大，目空一切的胡乱行为。自尊是自己增进自己的德业，其中并没有一丝一毫看不起人的意思的。

一字千金

　　弘一大师幼时便博才多艺，文化底蕴深厚，后广结贤良精学，融东西方文化之长，擅书法、工诗词、通丹青、达音律、精金石、善演艺，在多个领域开中华灿烂文化艺术之先河，是名垂千古的艺术大家。因此，出家之后，大师历来之善学与勤学的精神亦由儒入释，以华严为学之圆融，以律学为行之精严，以净土为果之方便，以儒学之德行参悟佛门的觉有情，以宋明理学之学问修身，通达般若得明心见性，形成其佛学思想体系。他在不遗余力弘律的同时，自己更严持戒律，以身示范，处处惜福苦行，身言并教至南山律宗在现代得以重兴，不仅成为"民国四大高僧"，更被后世佛门弟子敬为律宗第十一代世祖。

弘一大师在佛学上的贡献，可以分为著作流传、演说宣扬、佛学院之传承以及他个人对佛门律宗之德行感化。其多部著作修正填补了佛史之遗漏和空白，影响之大、意义之深远至全世界为之敬仰。大师之演讲稿与处世格言被梁实秋、林语堂等文化巨匠誉为"一字千金"，值得用一生的时间静静体悟。

弘一大师语录精摘：

不让古人是谓有志，不让今人是谓无量。

有才而性缓，定属大才。有智而气和，斯为大智。

以恕己之心恕人则全交，以责人之心责己则寡过。

在事者，当置身利害之外。建言者，当设身利害之中。

临事须替别人想，论人先将自己思。

静坐常思己过，闲谈莫论人非。

对失意人，莫谈得意事。处得意日，莫忘失意时。

不尽人情，举足尽是危机。不体物情，一生俱成梦境。

以淡字交友，以聋字止谤，以刻字责己，以弱字御侮。

居安，虑危。处治，思乱。

不为外物所动之谓静。不为外物所实之谓虚。

意粗，性躁，一事无成。心平，气和，千祥骈集。

公，生明。诚，生明。从容，生明。

心志要苦，意趣要乐，气度要宏，言动要谨。

事能常足，心常惬。人到无求，品自高。

知足常乐，终生不耻。知止常止，终生不辱。

谦退是保身第一法，安详是处事第一法，涵容是待人第一法，恬淡是养心第一法。

人好刚我以柔胜之，人好术我以诚感之。

必有容，德乃大。必有忍，事乃济。

附录

年　谱

1880年　10月23日（农历九月二十日）辰时，生于天津，
　　　　取名文涛。排行第三。

1884年　父李世珍病逝。

1886年　从次兄文熙启蒙。

1892年　攻书法，以魏书为主，一生从未间断。

1897年　十二月，与天津茶商俞氏之女缔婚。

1898年　戊戌变法失败，刻"南海康梁是吾师"印以示支
　　　　持变法。南下上海，加入上海"城南文社"。

1899年　兼通诗、词、金石、书、画、戏剧，在上海艺坛
　　　　崭露头角。1900年三月，加入"上海书画公会"。同
　　　　年，次子李准出生。

1901年　四月，入蔡元培主持之"南洋公学"经济特科就
　　　　读，改名李广平。

1904年　三子李端出生。

1905年　年初，与许幻园、黄炎培等创办"沪学会"。撰

《祖国颂》。农历二月五日，生母王太夫人病逝上海寓所，改名李哀，字哀公。六月扶柩北上，七月二十九日在天津为母丧举行告别式。八月东渡日本。年底，办《音乐小杂志》，在国内发行。

1906年　二月，创办我国最早音乐刊物《音乐小杂志》。九月，入东京美术学校，主攻西画，另在音乐专校攻钢琴，又学西洋戏剧于剧作家藤泽浅二郎之门。是年冬，组织"春柳社"。

1907年　因国内两淮水灾，演出《茶花女》《黑奴吁天录》等名剧，以门票收入赈灾。这是中国人演话剧之开端。

1911年　学成并携日籍夫人归国居于上海，并独自归津在天津工业专门学校和直隶高等工业学堂任西洋画教席。同年冬，国内盐业因清廷行政措施变革，李家巨资被倒，濒临破产。

1912年　冬假正月回上海，任教于"上海城东女学"。参加柳亚子主持之"南社"。不久，受聘《太平洋报》任画报副刊主编。七月，受聘"浙江两级师范"，主教音乐、西画。

1913年　浙江两级师范改为浙江省立第一师范，继续任教该校，五月编《白阳》中英文专刊。

1915年　五月，在杭州西泠印社出席"南社雅集"。

1916年　兼任南京高师教席。在杭州大慈山虎跑寺，试验断食十七天，取号"李欣"。

1917年　春假后，在学校开始素食，供佛像，读佛经。

1918年　正月十五，在虎跑寺皈依了悟上人。七月十三日，剃度于杭州虎跑寺，依了悟上人为剃度师，法名演音，号弘一。

1919年　春季驻锡玉泉寺，四月到虎跑寺结夏，秋天挂单灵隐寺，冬残回玉泉寺。

1920年　夏，在贝山闭关不成，至衢州，写经，整理藏经。本年写《金刚三昧经》《无常经》《大乘戒经》等多种经文。

1921年　正月，回杭州。三月，到永嘉，在城下寮庆福寺闭关。六月，完成《四分律比丘戒相表记》初稿。

1922年　正月，在城下寮礼寂山方丈为师。

1923年　初春，由温州经杭州、上海，至衢州。四月，往上海太平寺谒印光大师。

1925年　五月，自温州至普陀山，参拜印光大师，侍奉七日。八月，《四分律比丘戒相表记》定稿。

1926年　三月，由温至杭，住招贤寺，约弘伞法师于七月同去江西庐山，参加金光明道场，后至青莲寺，写《华严经十回向品初回向章》。

1927年　三月中，闭关于杭州城内吴山常寂光寺。九月，与丰子恺、夏丏尊、内山完造、叶绍钧、李石岑等见于上海，后谒印光大师于太平寺。

1928 年　从温州大罗山到上海，其间驻锡在丰子恺家中，同编《护生画集》。十一月，拟与尤惜阴、谢国梁二居士同去暹罗，未果。

1929 年　四月，自厦门回温州，途经福州鼓山，发现清初刻本《法华经》及《华严经疏论纂要》。

1930 年　正月，自小雪峰寺至泉州承天寺驻锡。四月，离闽南，回浙江。五月，至白马湖，住"晚晴山房"，圈点《行事钞记》。

1931 年　正月，在庆福寺闭关时罹恶性疟疾。

1932 年　春、夏、秋三季，云游浙东沿海各地。八月，至白马湖，居法界寺，染伤寒，病愈。十一月，自上海去厦门，与性常法师结法侣之缘，此为第三次去闽南。

1933 年　五月，去泉州驻锡开元寺尊胜院，著作律学。十月，出游泉州郊外见晚唐诗人韩偓墓而引为神交，后令弟子高文显撰《韩偓传》。

1935 年　三月，去泉州开元寺。后与寺侣传贯法师自泉州乘帆船出海。因缘不成，十月，回泉州承天寺，在戒期中讲律。十一月后，染病，回泉州草庵寺，一病六个月，病中再立遗嘱。

1936年　正月，病中在南普陀养正院讲学。四月，病愈移居鼓浪屿日光岩闭关。十二月，回南普陀寺后山安居。

1937年　二月，在南普陀寺佛教养正院，讲《南闽十年之梦影》。四月，应青岛湛山寺倓虚法师之邀前往，开讲《随机羯磨》。九月，回厦门。直到岁底，始去泉州草庵。

1938年　正月至四月，在泉州、惠安、鼓浪屿弘法。十一月，驻锡泉州承天寺，与浙师学生石有纪晤面。

1939年　二月始，前往永春山中普济寺闭关三百七十二天，与外界断缘，编著律学多种。初夏，徐悲鸿在新加坡为师绘巨幅油画像，存广洽法师处。

1940年　九月二十日，在山中度六十周甲世寿。十月九日，去南安洪濑灵应寺闭关。同期，性常、广洽法师等影印《金刚经》、丰子恺绘《护生画集续集》为师寿。

1941年　四月，往晋江檀林乡福林寺结夏，寄书各地师友，暗示行将告别。十一月，至泉州，作最后一次弘法活动，腊月底，回福林寺。

1942年　二月，应惠安县长石有纪请，至灵瑞山讲经。九月四日（10月13日）下午八时，安详圆寂于养老院"晚晴室"，遗嘱由妙莲法师执行。九月十一日下午八时在承天寺火化。

224

主 要 著 作

（一）佛学基础类

《佛法大意》《佛法十疑略释》《佛法宗派大概》《佛法学习初步》《佛教之简易修持法》《常随佛学》《切莫误解佛教》等。

（二）律学要略类

《余弘律之因缘》《弘律愿文》《问答十章》《占察法》《律学要略》《初发心者在家律要》《盗戒释相概略问答》《受十善戒法》《受八关斋戒法》《持非时食戒者应注意日中之时》《授三皈依大意》《敬三宝》《放生与杀生之果报》《改习惯》《青年佛徒应注意的四项》《改过实验谈》《征辩学律义八则》《新集受三皈依五戒八戒法式凡例》《佛说无常经叙》等。

（三）弥陀法门类

《净宗问辩》《劝念佛菩萨求生西方》《万寿岩念佛堂开堂演词》《净土法门大意》《劝人听钟念佛文》等。

（四）药师法门类

《药师如来法门一斑》《药师法门修持课仪略录》《药师如来法门略录》《药师经析疑》等。

（五）地藏法门类

《普劝净宗道侣兼持诵地藏经》《地藏菩萨圣德大观》等。

（六）南山律在家备览略篇类

《别行篇》《忏悔篇》《持犯篇》《戒体章名相别考》《宗体篇》《南山道宣律祖弘传律教年谱附修学遗事》等。

（七）其他著作

《人生之最后》《南闽十年之梦影》《为性常法师掩关笔示法则》《略述印光大师之盛德》《般若波罗蜜多心经讲录》《最后之忏悔》《弘一大师晚晴集》《蕅益大师年谱》《泉州开元慈儿院讲录》《〈华严集联三百〉序》《〈华严经〉读诵研习入门次第》等。